［英］查尔斯·欧曼 著
王晋瑞 译

ENGLAND

百年战争史 1327 & 1485

THE HUNDRED YEARS' WAR

中国出版集团公司
華文出版社

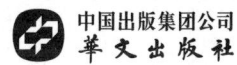

图书在版编目（CIP）数据

百年战争史：1327—1485 /（英）查尔斯·欧曼著；王晋瑞译. -- 北京：华文出版社，2020.1
（华文全球史）
ISBN 978-7-5075-5249-2

Ⅰ.①百… Ⅱ.①查…②王… Ⅲ.①战争史—史料—英国—1327-1485 Ⅳ.①E561.9

中国版本图书馆CIP数据核字(2019)第298896号

百年战争史：1327—1485

作　　者：[英] 查尔斯·欧曼
译　　者：王晋瑞
选题策划：华章同人
插图供应：029—85504182
责任编辑：楼淑敏
出版发行：华文出版社
社　　址：北京市西城区广外大街305号8区2号楼
邮政编码：100055
网　　址：http://www.hwcbs.com.cn
电　　话：总编室010—58336239
　　　　　发行部010—58336212
经　　销：新华书店
印　　刷：三河市国英印务有限公司
开　　本：710×1000　1/16
印　　张：23
字　　数：320千字
版　　次：2020年1月第1版
印　　次：2020年1月第1次印刷
标准书号：ISBN 978-7-5075-5249-2
定　　价：92.00元

版权所有　侵权必究

出版前言

随着中国开放的大门越开越大,关注世界各国尤其是西方国家文明的源流、发展和未来已经成为当下世界史研究的一个热点,为了成系统地推出一套强调"史源性"且在现有世界史出版物中具有拾遗补阙价值的作品,我们经过认真论证,推出了"华文全球史"系列,首次出版约为一百个品种。

"华文全球史"系列从书目选择到人名地名的规范,从书稿中图片的采用到译者的确定,都有比较严格的遴选规定、编审要求和成稿检查,目的就是要奉献给读者一套具有学术性、权威性的高质量的世界史系列图书。

书目的选择。本系列图书重视世界史学科建设,视角宽阔,层级明晰,数量均衡,有所突出。计划出版的华文全球史中,既有通史,也有专题史,还有回忆录,基本上是世界历史著作中的上乘之作,同时填补了国内同类作品出版的空白。

人名地名规范。本系列图书中人名地名,译名规范,重视专业性。同时,在人名翻译方面,我们坚持"姓名皆全"的原则,加大考据力度,从而实现了有姓必有名,有名必有姓,方便了读者的使用。另外,在注释方面,书中既有原书注,完整地保留了原著中的注释;也有译者注,体现了译者的研究性成果。

书中的插图。本系列图书的一个重要特征是书中都有功能性插图,这些插图全方位、多层次、宽视角反映当时重大历史事件,或与事件的场景密切相关，涉及政治、军事、经济、社会、外交、人物、地理、民俗、生活等方面的绘画作品与摄影作品。功能性插图与文字结合，赋予文字视觉的艺术，增加了文字的内涵。

译者的确定。本系列图书的翻译主要凭借的是一个以大学教师为主的翻译团队，团队中不乏知名教授和相关领域的资深人士。他们治学严谨，译笔优美，为确保质量奉献良多。

"华文全球史"系列作为一套具有较高学术价值的优秀的世界历史丛书，对增加读者的知识，开阔读者的视野，具有积极的意义。同时要看到，一方面很多西方历史学家的观点符合事实，另一方面不少西方历史学家的观点是错误的，对于这些，我们希望读者不要不加分析地全盘接受或全盘否定，而是要批判地吸收外国文化中有益的东西。

华文出版社

2019年8月

目录

001　第1卷　从爱德华三世加冕到罗杰·莫蒂默倒台：1327—1330

003　第 1 章
爱德华二世遭废黜

011　第 2 章
《北安普敦条约》

021　第 3 章
处决罗杰·莫蒂默

025　第2卷　从罗杰·莫蒂默倒台到战争爆发：1330—1337

027　第 4 章
爱德华三世治理内乱

031　第 5 章
失地苏格兰贵族与达普林缪尔战役

037　第 6 章
哈里顿山战役

043 　第 7 章
　　　爱德华三世争夺法兰西王位与百年战争爆发

051　第3卷　从战争爆发到黑死病来袭：1337—1349

053 　第 8 章
　　　爱德华三世率军入侵法兰西

057 　第 9 章
　　　斯鲁伊斯海战

063 　第 10 章
　　　布列塔尼公国内战

069 　第 11 章
　　　爱德华三世进军巴黎

077 　第 12 章
　　　克雷西战役

085 　第 13 章
　　　攻占加来

089 　第 14 章
　　　黑死病的爆发及影响

093　第4卷　从黑死病来袭到《布列塔尼和约》：1349—1360

095 　第 15 章
　　　温切尔西战役

099	第 16 章
	波伊泽德战役

107	第 17 章
	再次入侵法兰西

111　第 5 卷　从《布列塔尼和约》到英法战争再起：1360—1369

113	第 18 章
	爱德华三世的家族政策及效果

121	第 19 章
	发展商业与黑死病对贸易的影响

125	第 20 章
	纳瓦雷特战役

135　第 6 卷　从阿基坦被占领到威克里夫派崛起：1369—1377

137	第 21 章
	攻占利摩日与兵败拉罗谢尔

143	第 22 章
	冈特的约翰重掌大权

149	第 23 章
	爱德华三世驾崩

153　第 7 卷　理查二世早期的统治：1377—1388

155	第 24 章
	农民起义原因及第一次农民起义

167	第 25 章
	代位贵族叛乱

171	**第8卷　理查二世的专制统治：1388—1399**

173	第 26 章
	与法兰西缔结和约

179	第 27 章
	理查二世的独裁统治

185	**第9卷　亨利四世的统治：1399—1413**

187	第 28 章
	谋杀理查二世

193	第 29 章
	什鲁斯伯里战役

199	第 30 章
	诺森伯兰伯爵亨利·珀西被杀

207	**第10卷　亨利五世的统治：1413—1422**

209	第 31 章
	亨利五世对法兰西宣战

215	第 32 章 阿让库尔战役
223	第 33 章 博热战役

233　第11卷　亨利六世早期统治与法兰西战争：1422—1450

235	第 34 章 圣女贞德解奥尔良之围
247	第 35 章 圣女贞德殉难

261　第12卷　玫瑰战争：1450—1464

263	第 36 章 凯德起义
275	第 37 章 第一次圣奥尔本斯战役
281	第 38 章 第二次圣奥尔本斯战役
289	第 39 章 陶顿战役与北方战争

**293　第13卷　造王者沃里克伯爵理查德·内维尔
　　　　　　　和爱德华四世：1464—1483**

295	**第40章**	
	爱德华四世与内维尔家族之争	
303	**第41章**	
	沃里克伯爵理查德·内维尔流亡	
309	**第42章**	
	亨利六世被害	

321 **第14卷 理查三世：1483—1485**

323	**第43章**	
	格洛斯特公爵理查抓捕新国王	
331	**第44章**	
	博斯沃斯战役	
341	**附　录**	
343	**专有名词英汉对照**	

第 1 卷

从爱德华三世加冕到罗杰·莫蒂默倒台

1327—1330

第1章

爱德华二世遭废黜

1327年1月7日，英格兰议会在威斯敏斯特召开会议宣布：国王爱德华二世遭废黜，王位由其长子威尔士亲王爱德华接任，史称"爱德华三世"。英格兰历史上还从未出现过像爱德华三世这样在奇耻大辱中开启长达五十年统治生涯的国王。爱德华二世虽然可怜，但昏庸无能。不过，他下台并非民意所

爱德华二世

伊莎贝拉王后

致，而是对其不忠的伊莎贝拉王后和一小撮反叛贵族的阴谋所致。爱德华二世也许确实应该遭到废黜，但不应该任由无耻小人玩弄于股掌之间。虽然少数处心积虑的人才是政变的发动者，但所有的英格兰人难辞其咎。当伊莎贝拉王后及其追随者发动政变、大肆迫害国王爱德华二世及其朋友时，广大贵族和平民只是袖手旁观。他们对政变过程中的残暴之举熟视无睹，默不作声。伦敦的暴徒成了叛乱者的帮凶。他们对追随爱德华二世的埃克塞特主教瓦尔特·德·斯泰普顿①施以分尸的暴行。而议会却既未就这种暴行发声，也未对伊莎贝拉王

---

① 瓦尔特·德·斯泰普顿（Walter de Stapledon, 1261—1326），埃克塞特主教（1308—1326），1320年和1322年两次出任英格兰财政大臣。1314年，他和兄长理查德·斯泰普顿创立了牛津大学埃克塞特学院。（若无特别说明，均为译者注）

后未经正规法律程序便将阿伦德尔伯爵埃德蒙·菲查伦^①和爱德华二世的宠臣休·勒·德斯潘塞父子^②残忍杀害的行为表示抗议。当见风使舵的大主教瓦尔特·雷诺兹^③高喊着"人民的声音就是上帝的声音",并宣布年幼的爱德华为新国王时,除了四位勇敢的主教外,再无他人发出抗议之声。年幼的爱德华三世就在卑鄙、残忍、虚伪和懦弱交织的氛围中开始了自己的统治。

休·勒·德斯潘塞被残忍杀害

---

① 埃德蒙·菲查伦(Edmund FitzAlan,1285—1326),第九代阿伦德尔伯爵,爱德华一世统治时期参加苏格兰战争,深得爱德华一世宠信。爱德华二世统治时期,埃德蒙·菲查伦全力支持国王镇压罗杰·莫蒂默发动的叛乱。1326年,他被得势的罗杰·莫蒂默处死。
② 休·勒·德斯潘塞(Hugh le Despencer,1261—1326)和休·勒·德斯潘塞(Hugh le Despencer,1286—1326),二人系父子同名。老德斯潘塞曾追随爱德华一世驰骋疆场,后被封为温彻斯特伯爵。小德斯潘塞是爱德华二世的宠臣。他因自己的特殊身份而自命不凡,疯狂霸占土地,最终引来了杀身之祸。
③ 瓦尔特·雷诺兹(Walter Reynolds,?—1327),第五十一任坎特伯雷大主教(1313—1327)。1324年之前,瓦尔特·雷诺兹一直效忠爱德华二世,后因宗教仪式问题与爱德华二世发生冲突,转而支持罗杰·莫蒂默和王后伊莎贝拉。

密谋杀害爱德华二世的是一小撮无耻之徒。虽然命令是以爱德华三世的名义下达的，但我们不应过多责怪这位年幼的国王。他生于1312年11月13日，加冕时只有十四岁零两个月。他出生后一直待在母亲伊莎贝拉王后身边，从未得到过父亲爱德华二世的关爱。因此，他不会怀疑母亲伊莎贝拉王后反对父王爱德华二世的行为会有什么不妥。但事实上，伊莎贝拉王后是在迷恋上遭流放的罗杰·莫蒂默①后才对丈夫爱德华二世充满仇恨的。爱德华三世后来才明

爱德华三世

① 罗杰·莫蒂默（Roger Mortimer，约1287—1330），第一代马奇伯爵和第八代威格莫尔男爵。1316年，他担任英格兰驻爱尔兰总督，后因反对爱德华二世被监禁于伦敦塔。1323年，他逃往法兰西，1326年返回英格兰，与伊莎贝拉王后合谋废黜爱德华二世并将其杀害。1330年，被爱德华三世抓捕后，他被送上了断头台。

伊莎贝拉王后与罗杰·莫蒂默

白,自己竟然充当了母亲伊莎贝拉王后及其情人罗杰·莫蒂默的工具。他虽然备感屈辱,但还是接受了这一现实,对他们呈上来的各种奏折和文件一一过目和批阅。当父亲爱德华二世的关押地从凯尼尔沃思转至伯克利时,爱德华三世并未想到他会遭遇什么不测。但早有人交待狱卒要取爱德华二世的性命,而爱德华三世对这一阴谋却毫不知情。

为了辅佐年幼的国王爱德华三世处理朝政,1327年1月议会任命了一个由四位伯爵、四位主教和六位男爵组成的摄政委员会。但从一开始,王权就牢牢握在了王太后伊莎贝拉的手里。年幼的国王爱德华三世则对她言听计从。随着时间的推移,人们慢慢发现真正用王权发号施令的其实是王太后伊莎贝拉的情人罗杰·莫蒂默。他们二人完全控制了爱德华三世的生活,尽可能不让

凯尼尔沃思城堡

伯克利城堡

他与派系之外的人交往，不让他管理朝政和处理国事。英格兰人后来才弄明白了事情的真相，而爱德华三世更是在成年后才意识到自己曾经过着怎样一种屈辱的生活。

爱德华三世登基之初，王室在治国理政时能遵循宪政原则，承认旧宪章依然有效，向议会保证要好好治理国家。那些在爱德华二世统治时期遭受不白之冤的人恢复了名誉，重新拥有了庄园。在这一时期，罗杰·莫蒂默尚未公然滥用权力，因为他首先得应付来自外部的危险。爱德华三世登基尚未满三个月，苏格兰人便撕毁了与英格兰在1323年签定的休战协定，悍然侵入了英格兰北部的诺森伯兰和达勒姆。他们越过了边境，一路烧杀掠夺，最后攻到了威尔河流域与缇斯河流域。苏格兰国王罗伯特·布鲁斯因患麻风病，不能亲征，于是将指挥两万名轻骑兵的重任交给了麾下的两员大将：詹姆斯·道格拉斯爵士和默里伯爵兰多夫。这支轻骑兵部队能征善战，拥有极强的战术素养。

第 2 章

《北安普敦条约》

为了击退来犯之敌，年轻的爱德华三世亲自率领英格兰的贵族军队和地方武装奔赴前线。不愿让爱德华三世远离自己视线的罗杰·莫蒂默也一路陪同前往。但英格兰大军的行动并没有达到预期目的。在泰恩河畔，苏格兰人占据了一处要塞，防守非常严密，英格兰军队根本无法从正面发起攻击。当费尽周折绕到苏格兰军队侧翼时，英格兰军队发现机警的苏格兰军队早已撤离，占据了另一处易守难攻的要塞。罗杰·莫蒂默当然不会贸然发起进攻，班诺克本战役①失利的阴影还萦绕在他的脑海里。他想等到苏格兰军队撤退时再进行堵截。不过，詹姆斯·道格拉斯爵士率领苏格兰军队在夜间急行军，并在行动迟缓的英格兰军队到达前安全撤离了。就这样，英格兰军队一直被苏格兰军队牵着鼻子走，苏格兰军队留给英格兰军队的只有着火的村庄和牲畜的遗骸。在这场战役中，最引人注目的战事当数詹姆斯·道格拉斯率领小分队夜袭英格兰皇家军营了。詹姆斯·道格拉斯杀入英格兰皇家军营，在混战中杀死了爱德华三世的随军教士，差点儿就将爱德华三世俘虏。最后，他毫发无损地返回了苏格兰军营。当苏格兰军队向特威德河撤离时，食不果腹的英格兰将士早已无力追

---

① 1314年6月23日到6月24日，苏格兰国王罗伯特·布鲁斯率军在班诺克本以少胜多，击溃了英格兰国王爱德华二世率领的大军，史称"班诺克本战役"。班诺克本战役不仅标志着苏格兰打赢了独立战争，而且让整个欧洲对作战方式独特的苏格兰人刮目相看。

班诺克本战役中英勇的苏格兰国王罗伯特·布鲁斯（左）

班诺克本战役

击，不得不从诺森伯兰撤回纽卡斯尔。不过，经历1327年8月到9月的屈辱后，在后来的斯鲁伊斯海战和克雷西战役中，英格兰军队大获全胜。

也许是与苏格兰之战失利的羞耻之心在作祟，王太后伊莎贝拉和情人罗杰·莫蒂默担心臣民们会以此为借口反对新政府。于是，他们决定将关在大牢中的爱德华二世秘密处死。爱德华二世体格健壮，尽管在伯克利的大牢里遭受了种种非人待遇和折磨，但安然无恙。看到爱德华二世没有丝毫要死的迹象，王太后伊莎贝拉和情人罗杰·莫蒂默决定痛下杀手。1327年9月21日晚，他们派手下潜入大牢，将爱德华二世秘密杀害了。他们对外隐瞒了爱德华二世已死的事实。当人们发现后，他们才解释说，爱德华二世犯心脏病离世了。

爱德华二世被杀

罗伯特·布鲁斯与其追随者

　　王太后伊莎贝拉和情人罗杰·莫蒂默还做了一件令英格兰臣民难以接受的事，即不惜一切代价与苏格兰议和。该决策严重影响了英格兰臣民对新政府的信任。1327年到1328年的整个冬天，英格兰人一直在和苏格兰国王罗伯特·布鲁斯谈判。在做了许多让步的情况下，1328年5月4日英格兰与苏格兰签署了《北安普敦条约》。英格兰最终承认了苏格兰的独立王国地位。因此，《北安普敦条约》被英格兰人称为"可耻的和约"。爱德华三世在《北安普敦条约》上签字后，英格兰便失去了对苏格兰的统治权。自盎格鲁-撒克逊时代

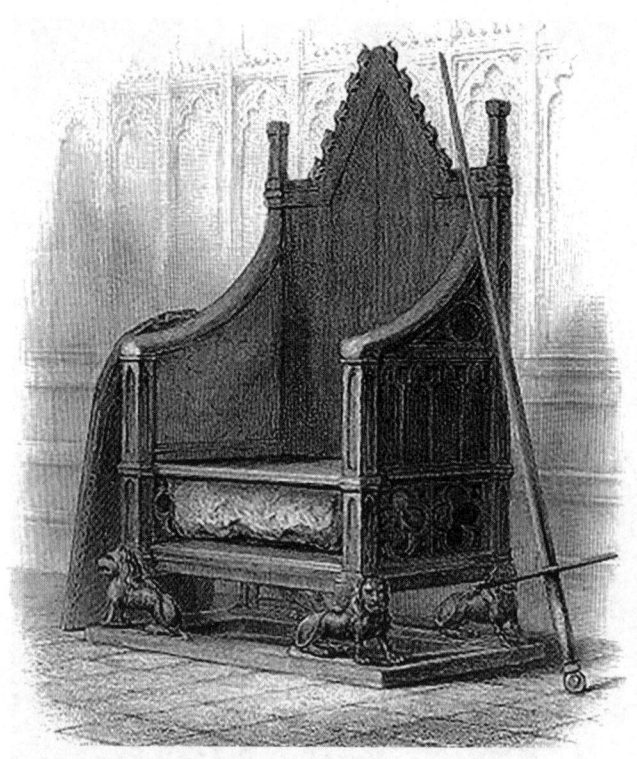

英王加冕宝座中的斯昆石

以来,苏格兰国王第一次可以名正言顺地自称为独立君主了。爱德华一世曾经带回伦敦的苏格兰王室徽章、奇珍异宝及领地档案都要物归原主了。要不是有伦敦的暴徒阻拦,"斯昆石"①或许也会送还给苏格兰。现在,这块"命运之石"仍存放在威斯敏斯特大教堂的加冕宝座下。爱德华三世还答应将自己七岁的妹妹琼嫁给罗伯特·布鲁斯的小儿子大卫·布鲁斯。苏格兰方面则承诺将遭到驱逐的亲英格兰派贵族召回国内,返还他们的土地,同时答应会分三次向英格兰支付两万英镑的战争赔款,以弥补英格兰在战争期间遭受的损失。

  来自苏格兰方面的危险刚一解除,罗杰·莫蒂默便开始自以为是起来,做事随心所欲,目无王法。在争取到马奇伯爵的爵位后,他整日表现出一种不

---

① 斯昆石,通称"命运石"或"加冕石"。苏格兰历代国王都是站在命运石上加冕为王的。1296年,英格兰兼并苏格兰时,爱德华一世将其带回了伦敦,一直存放于威斯敏斯特大教堂的加冕座椅下。1996年,命运石运回了苏格兰,但并未安放在斯昆修道院,而是安放于爱丁堡城堡里。

可一世的态度。像他这般趾高气扬的英格兰贵族从来没有过。他出门会带上一百八十名贴身护卫，并以此震慑那些想要反对他的贵族。1328年秋，在参加索尔兹伯里议会会议时，罗杰·莫蒂默带了许多武装随从。那些未带随从的贵族议员担心被他扣押、监禁，纷纷逃往温彻斯特。更有甚者，他并不避讳与王太后伊莎贝拉的关系，二人经常厮守在一起，表现得非常亲密。这种非同寻常的关系不能不叫人生疑。

然而，太后身边这位红人虽然劣迹斑斑，但直到三年后才被彻底扳倒。爱德华三世有两位叔叔：肯特伯爵伍德斯托克的埃德蒙和诺福克伯爵布拉泽顿的托马斯。二人都是爱德华一世第二任妻子法兰西的玛格丽特①所生，是爱德

法兰西的玛格丽特

---

① 法兰西的玛格丽特（Margaret of France, 约1279—1318），法兰西国王腓力三世的小女儿，腓力四世的同父异母妹妹，英格兰国王爱德华一世的第二任妻子。

第 2 章 《北安普敦条约》 | 017

华二世的同父异母的弟弟。肯特伯爵伍德斯托克的埃德蒙、诺福克伯爵布拉泽顿的托马斯与兰开斯特伯爵格罗斯蒙的亨利在推翻爱德华二世统治的过程中，立下了汗马功劳。不过，他们极其讨厌罗杰·莫蒂默。他们认为，拥有一言九鼎权力的应该是他们，而不是王太后伊莎贝拉身边的这位红人。肯特伯爵伍德斯托克的埃德蒙带头反对罗杰·莫蒂默，这让罗杰·莫蒂默怀恨在心。不久，肯特伯爵伍德斯托克的埃德蒙便遭到陷害。有人向他谎称爱德华二世还活着，就关押在科夫城堡。向他提供这一情报的是科夫城堡的监狱长。肯特伯爵伍德斯托克的埃德蒙信以为真，便差人给事实上已经遇害的爱德华二世送信说，会想办法救他出来，并帮他重返王位。这封信很快就传到了罗杰·莫蒂默手里，送信人随即被抓了起来，并以叛国罪被砍头示众。罗杰·莫蒂默跟爱德华三世说，毒死他也是肯特伯爵伍德斯托克的埃德蒙谋反计划的一部分。因此，他敦促爱德华三世尽快签署死亡判决书。从被捕到被处决只有短短的八天时间，肯特伯爵伍德斯托克的埃德蒙的朋友还没来得及去想救他的办法，他就在1330年3月19日被处死了。罗杰·莫蒂默霸占了他的庄园。加上之前已经霸占的休·勒·德斯潘塞父子的土地，罗杰·莫蒂默成了英格兰最富有的人。

科夫城堡

肯特伯爵伍德斯托克的埃德蒙彬彬有礼、亲切友善、崇尚自由，一直深受英格兰人拥戴。因此，他的不幸遭遇激起了民愤。英格兰国内的混乱局面令英格兰人忍无可忍了。而王太后伊莎贝拉和罗杰·莫蒂默此时却越来越无所顾忌，他们的关系日益公开化了。随着爱德华二世真正的死因开始流传，英格兰人的愤怒之情也日益强烈。用阴谋陷害肯特伯爵伍德斯托克的埃德蒙的同时，罗杰·莫蒂默也给自己掘好了坟墓。当人们开始意识到推翻爱德华二世统治的果实已被邪恶的法兰西女人及其吸血成性的枕边红人所窃取，并以他们的意志统治英格兰时，坏人的命运就走到尽头了。

然而，最终对坏人施以重击的并不是英格兰的民众，而是爱德华三世本人。三年多来，爱德华三世一直对母亲和罗杰·莫蒂默言听计从。现在，他已经十八岁了，娶了美丽善良的埃诺的菲利帕①为王后。埃诺的菲利帕为他生下

埃诺的菲利帕

---

① 埃诺的菲利帕（Philippa of Hainault, 1314—1369），英格兰国王爱德华三世之妻，与爱德华三世育有十四个子女。埃诺的菲利帕王后善良仁慈，深得英格兰人爱戴。1341年建立的牛津大学王后学院展现了英格兰人对她的热爱之情。

了"黑太子爱德华",他终于可以按自己的意愿行事了。他开始观察身边的一切,并倾听王太后派系之外人们的声音。渐渐地,他意识到以前的自己不过是罗杰·莫蒂默利用的工具而已。他发誓要彻底结束这种状况。

第 3 章

处决罗杰·莫蒂默

1330年10月,王太后伊莎贝拉和罗杰·莫蒂默住进了诺丁汉城堡。诺丁汉城堡的大门由他们的亲信把守。爱德华三世前往诺丁汉,跟行政长官威廉·伊兰爵士说明了来意。威廉·伊兰不敢违抗国王的命令,为他指了一条通往城堡的秘密通道。1330年10月19日午夜时分,爱德华三世和朋友威廉·蒙塔

诺丁汉城堡

丘特勋爵带了几名士兵避过守卫，进了城堡，直奔王太后情人罗杰·莫蒂默的住所。罗杰·莫蒂默当时正在与林肯主教亨利·伯格什谈话，惊慌中尚未来得及反抗就被抓了起来。罗杰·莫蒂默的两名护卫虽然拔剑反抗，但很快便被乱刀砍死。爱德华三世控制了局面。王太后伊莎贝拉冲进来，跪在儿子面前，恳求他放过"温存的罗杰·莫蒂默"。爱德华三世的手下将她拖离后，随即拘押了罗杰·莫蒂默。

一个月后，爱德华三世召集议会在贵族议院对罗杰·莫蒂默进行了审判，指控他犯有如下罪行：谋杀爱德华二世，武力威胁索尔兹伯里议会，非法侵占数处王室庄园，挪用苏格兰人的两万英镑赔款中的大部分。审判程序还未完全走完，贵族议员们就投票同意认定"所有指控均为事实，由法庭执行官负责监禁罗杰·莫蒂默，并以反叛国王和国家的罪名将其处死"。1330年11月29日，罗杰·莫蒂默在泰伯恩刑场被绞死，尸体也遭到了肢解。他的主要谋士西

泰伯恩刑场

卡斯蒂尔国王阿方索十一世

蒙·贝雷福德爵士因罪孽深重而被处死。杀害爱德华二世的真凶约翰·马尔特拉弗斯和托马斯·古尼虽然未被抓捕归案，但因叛国罪遭到了悬赏通缉。不久，托马斯·古尼在西班牙被卡斯蒂尔国王阿方索十一世擒获，死在了被押送回英格兰的路上，躲过了法庭审判。

王太后伊莎贝拉没有立即受到惩罚。爱德华三世经过一番考虑后，决定先将母亲软禁到赖辛城堡，不准她踏出城堡半步。不过，她仍然享有三千马克①的高额生活津贴，行为也未受到严格的限制。她又活了将近三十年的时间，薨于1358年。

1327年到1330年的混乱统治就这样结束了。肯特伯爵伍德斯托克的埃德蒙的后人及受罗杰·莫蒂默迫害的贵族们都恢复了爵位、封地。曾经反对罗杰·莫蒂默的人都得到了赦免，而由罗杰·莫蒂默一手提拔的人则须交出部分土地。英格兰的历史翻开了新的一页，年轻的国王爱德华三世要开始亲政了。

① 马克是通用于古代西欧（包括英格兰）的货币单位。一马克相当于十三先令四便士。

第2卷

从罗杰·莫蒂默倒台到战争爆发

1330—1337

第 4 章

爱德华三世治理内乱

不受罗杰·莫蒂默和王太后伊莎贝拉这两个阴险人物的影响后,英格兰步入了一段繁荣的历史时期。现在,对意欲施展身手治理国家的爱德华三世来说,形势非常有利。爱德华三世通过惩处杀害父亲爱德华二世的凶手,使英格兰摆脱了那段屈辱的时光。爱德华三世英俊潇洒、彬彬有礼,在接下来的很长一段时间深受人民的拥戴。无论是年轻时在竞技场上,还是成年后在战场上,爱德华三世都算是一位出色的骑士。他喜欢热闹的场面,结交了许多爱好音乐和艺术的人。他的朋友圈中还有不少文学家。尽管不像父亲爱德华二世那般昏庸无能,但爱德华三世和其曾祖父亨利三世一样,都有一个致命的缺陷——极端自私。这让他长期以来都无法真正履行自己的承诺。他一生都对祖父爱德华一世那句"信守承诺"的劝告不以为然,根本无视个人承诺或公共约定的庄严。被激怒时,他曾不止一次表现出残忍的本性。在其统治后期,爱德华三世的个人生活颓废而堕落,终日只与那些男女宠臣厮混在一起。与年轻时意气风发的那个国王相比,他简直判若两人。但作为一国之君,爱德华三世最大的问题是根本不懂国家财力的重要性。他只知道一味地发动战争,却不明白这样做是要付出高昂代价的。组建军队不易,而保证军需和军饷更难。爱德华三世终究算不上残暴之人,也成不了暴君。他脾气非常暴躁,缺少在沉默中成就伟大事业的能力。虽然他的心肠不恶毒,但因做事欠考虑,他总会将自私之心暴露无遗，外在的骑士风度难以掩饰他爱算计的本性。不过，英格兰的宪政制度在他的统治时期发展得还算不错。要想通过筹款实现军事目的，他首先要征得议会的同意。为了让议会同意自己向臣民开征新税的计划，爱德华三世赐予议会许多特权。

1330年，爱德华三世的性格缺陷尚未完全显露出来，臣民们对他的统治也非常满意。在他最初统治的几年里，英格兰不再动荡，臣民们的生活安定而祥和，政府的运作井然有序。而在罗杰·莫蒂默独揽大权那段时间里，社会矛盾集中爆发，公然谋杀和暗中争斗的事件层出不穷。1328年，托马斯·怀瑟爵士在温莎附近的亨利森林遇上了仇人罗伯特·霍兰德勋爵。将罗伯特·霍兰德勋爵杀害后，托马斯·怀瑟爵士割下了他的头颅，挑在长矛上炫耀。1329年，威廉·德拉祖切率军围攻南威尔士最大且最坚固的卡尔菲利城堡，目的是想占有德克莱尔庄园的部分土地。随后，绑架、掠夺、勒索等暴行逐一上演。爱德华三世亲政以后，主持正义，严厉打击这些极端行为。与苏格兰停战后，饱受

卡尔菲利城堡

腓力六世

战乱之苦的英格兰北方各地终于有了喘息之机。英格兰的商业开始复苏,尽管海外贸易仍不时会受到法兰西和佛兰德斯海盗的影响。

然而,因两个悬而未决的问题,英格兰注定会在不久的将来陷入麻烦之中。问题之一便是在阿基坦拥有领地的英格兰人是否应该效忠法兰西国王。1328年,法兰西王国卡佩王朝的男性子嗣断绝,瓦卢瓦的腓力在巴黎登基,史称"腓力六世"。瓦卢瓦王朝在法兰西王国的统治开始了。爱德华三世是卡佩王朝腓力四世的外孙,他从一开始就不愿承认腓力六世的法兰西国王身份。但为了保住自己在阿基坦和庞蒂厄的两处领地,他违心地向法兰西新国王暂时称臣。但腓力六世对爱德华三世在法兰西拥有领地一事极其不满,于是就发兵侵入了英格兰在法兰西的领地。他不仅拒绝交还几年前从爱德华二世手中夺取的阿让奈，还鼓动加斯科涅的贵族向巴黎表达想回归法兰西的态度。毫无疑问，腓力六世已经打定主意在当政期间将英格兰人赶出法兰西南部地区。目前，他只是在边境搞了几次摩擦而已。

第 5 章

失地苏格兰贵族与达普林缪尔战役

　　与苏格兰长期的纷争注定会让英格兰麻烦不断，并最终使英格兰卷入了与法兰西的战争。战争的导火索是在北安普顿签署的"可耻的条约"中的一项内容。班诺克本战役后，那些在苏格兰拥有领地但效忠爱德华二世的亲英格兰派贵族被赶出了苏格兰。但根据《北安普敦条约》，罗伯特·布鲁斯应该将土地还给他们。1329年，罗伯特·布鲁斯驾崩后，辅佐他幼子大卫二世的摄政官

大卫二世

员既无法又不愿履行《北安普敦条约》的内容，因为这些土地中的大部分已经封给了苏格兰独立派贵族。现在，苏格兰独立派贵族根本无意将这些土地再拱手让给苏格兰的叛徒和敌人。因此，那些土地被剥夺且流亡到英格兰的贵族只能过着颠沛流离的生活。他们中有安格斯伯爵吉尔伯特·乌姆弗维尔、阿索莱伯爵斯特拉斯博吉的大卫、巴德诺赫勋爵沃尔特·科明和娶了布坎伯爵继承人爱丽丝·科明①的亨利·德·博蒙特②。这些流亡的贵族发现自己的权力被永久剥夺后，便密谋通过武力来恢复原有的权力。他们派人前往法兰西寻找苏格兰前国王约翰·巴利奥尔③的儿子爱德华·巴利奥尔④。爱德华·巴利奥尔不仅想夺回父亲曾在加洛威拥有的大片庄园，还想夺取苏格兰的王位。苏格兰的主要势力分为两派：辅佐幼主大卫二世的摄政官员和失权的贵族。失权的贵族们打算将爱德华·巴利奥尔送上国王的宝座，同时夺回自己的爵位和领地。因此，爱德华·巴利奥尔及其党羽开始秘密召集人马，最后组建了一支雇佣军。爱德华三世听闻此事后，做出了指示，命令戍边官员禁止这支雇佣军经特威德河过境，必要时可动用武力进行阻止。这支由五百名骑兵和两千名步兵组成的雇佣军只好放弃陆路，租船从汉博的水路出发。这些官兵中大多数是土生土长的英格兰人，主要是弓箭手。

雇佣军在法夫的金霍恩登陆后，继续向珀斯挺进。在经过厄因河时，雇佣军遭遇了苏格兰摄政马尔伯爵多姆纳尔·麦克尤利姆所率大军的阻击。苏格兰的兵力至少是雇佣军的五倍。不过，在遭遇战中，雇佣军居然击败了苏格兰军。雇佣军连夜渡河，突袭了苏格兰军的营地。马尔伯爵多姆纳尔·麦克尤

---

① 爱丽丝·科明（Alice Comyn，？—1349），布坎伯爵约翰·科明之女。
② 亨利·德·博蒙特（Henry Lord Beaumont，1280—1340），13世纪到14世纪期间英格兰与苏格兰战争中的重要人物。
③ 约翰·巴利奥尔（John Balliol，约1249—1314），苏格兰国王（1292—1296）。13世纪末，苏格兰王国亚佛尔王室绝嗣，苏格兰数派贵族争夺王位，导致内战爆发，最后，约翰·巴利奥尔在英格兰国王爱德华一世的支持下登上王位。然而，约翰·巴利奥尔不甘做爱德华一世的傀儡，被爱德华一世废黜。
④ 爱德华·巴利奥尔（Edward Balliol，1283—1367），在英格兰国王爱德华三世的支持下，曾于1322年至1336年三次短暂登上过苏格兰的王位。

爱德华·巴利奥尔

利姆和威廉·华莱士在福尔柯克战役①和罗伯特·布鲁斯在班诺克本战役中的布阵一样,将长枪兵排成三列纵队,迎战来犯之敌。雇佣军在达普林缪尔山坡摆好了阵形,中间是重骑兵,两侧是弓箭手,队形呈半圆状。苏格兰军冲上山坡,直奔雇佣军战旗下那些披戴盔甲的骑兵而去,根本无视两侧弓箭手的存在。虽然苏格兰军凭借人数上的优势将雇佣军的骑兵逼退至山顶,但其两翼遭遇了密集的箭雨,伤亡惨重,队形开始混乱起来,严重影响了中间部队的进攻。而苏格兰军停止进攻后,无情的箭雨又让其不断损兵折将。最后,苏格兰将士们的心理彻底崩溃,向山下溃败而去。雇佣军则出动重骑兵紧追不舍,挥刀大肆砍杀。最后,除了上千名步兵阵亡外,七十名骑士、三位伯爵及摄政马尔伯爵多姆纳尔·麦克尤利姆也阵亡了。

① 在1298年战争中,英格兰和苏格兰在福尔柯克大战。在福尔柯克战役中,英格兰弓箭手发挥了重要作用,成为英格兰军队克敌制胜的关键。

威廉·华莱士

福尔柯克战役

在达普林缪尔战役中重创苏格兰军队后，爱德华·巴利奥尔又轻松地攻占了珀斯和斯特林，并于斯昆登上了苏格兰的国王宝座。苏格兰国王大卫二世则逃往法兰西，向腓力六世寻求庇护。爱德华·巴利奥尔给爱德华三世去信称，他已经夺回苏格兰，并打算像先祖那样将苏格兰视为英格兰王室的藩属。为了得到爱德华三世的支持，他将归属权尚存争议的贝里克送给了英格兰。

第6章

哈里顿山战役

爱德华三世刚准备召集议会讨论是否接受爱德华·巴利奥尔开出的条件,就有消息传来说,苏格兰的局势已经发生逆转,新国王被赶下了台。爱德华·巴利奥尔确实是一位优秀的斗士,但缺乏领导者应该具备的掌控大局的能力。失地贵族们用武力重新夺回了自己的庄园,但打破了苏格兰各方的利益平衡。国内局势开始变得混乱。人心思变,支持大卫二世的那派人趁机秘密行动。爱德华·巴利奥尔的寝宫设在邓弗里斯附近的安南,负责守卫的士兵不多。1332年12月16日晚上,默里伯爵约翰和阿齐博尔德·道格拉斯爵士率军袭击了爱德华·巴利奥尔的寝宫。在杀死负责守卫的士兵后,他们追赶爱德华·巴利奥尔到了卡莱尔。随后,爱德华·巴利奥尔的追随者也纷纷被赶出了苏格兰。阿奇博尔德·道格拉斯爵士被推选为苏格兰摄政王。不久,苏格兰轻骑兵翻越切维奥特山,开始像昔日的罗伯特·布鲁斯那样进攻英格兰边境。

在支持大卫二世和爱德华·巴利奥尔之间,爱德华三世被迫要做出选择。爱德华三世正处在血气方刚、雄心勃勃的年龄,急于建功立业,从而洗刷自己自1327年加冕后遭受的耻辱。因此,他选择支持爱德华·巴利奥尔,决定用武力帮爱德华·巴利奥尔夺回苏格兰王位,并接受他的臣服和他献上的贝里克。苏格兰人频频侵扰诺森伯兰更加坚定了他的选择。

1333年3月,爱德华三世率领一支大军向边境挺进。爱德华·巴利奥尔与

贝里克城

失地苏格兰贵族也率部加入了爱德华三世的大军。爱德华三世的大军首先围攻贝里克。贝里克是一座坚固的港城，守军坚守了十周，但后来城内的食物供给出了问题。于是，守军向英军提出了投降条件，即1333年7月之前如果还没有苏格兰援军前来，就献城投降，并给英军送去了几名人质作保证。在约定的投降日到来之前，威廉·基思爵士率领一小支部队躲过了围城的英军，溜进了贝里克。这支部队虽然没能力赶走英军，但带来消息说，摄政阿奇博尔德·道格拉斯率领的苏格兰大军即将前来。贝里克的守将听罢，便不再打算献城投降了。约定的投降日子已经过了，他仍然指挥士兵坚守。爱德华三世见对方违约，便残忍杀害了人质，然后将尸体挂在了贝里克城前。

十多天后，苏格兰的援军到达了。阿奇博尔德·道格拉斯率领的大军有三万多人，兵强马壮。爱德华三世需要做出继续战斗还是撤离的决定。最终，爱德华三世留下部分人马继续封锁贝里克城，然后率领余部驻扎在城北三英里的哈里顿山上，扼守着邓巴和爱丁堡通往贝里克的要道。英军占据了有利的地形，营地前有沼泽，后有灌木林。在山坡前，爱德华三世布置了三路人马。他亲自指挥中路人马，弟弟埃尔瑟姆的约翰①指挥右路人马，爱德华·巴利奥尔指挥左路人马。在这三路人马中，骑兵们并未骑马，只是披戴盔甲站在中间，两侧有弓箭手保护。该阵形就是爱德华·巴利奥尔在指挥达普林缪尔战役时的阵形。毫无疑问，爱德华三世这次仍然听从了他的建议。

这一战术再次奏效了。1333年7月19日，苏格兰摄政阿奇博尔德·道格拉斯眼看贝里克就快守不住了，被迫率军进攻哈里顿山上的英军。与在达普林缪尔战役中指挥作战的马尔伯爵多姆纳尔·麦克尤利姆一样，他将大军分为三个纵队，冲向了山坡。不过，沼泽极大地影响了苏格兰军队进攻的速度。经过一番跋涉后，苏格兰军队才越过沼泽，向山坡发起了冲锋。但迎接苏格兰将士的是英军射来的箭雨，他们每前进一步都异常艰难。冲在队伍前面的士兵每次快要接近英军阵地时，都被击退。苏格兰士兵偶尔也会冲到山顶，但立刻遭到了英格兰重骑兵的迎头痛击。他们一次次被击退，主力部队始终没能攻到英军的前沿阵地。最后，苏格兰军队大乱，不得不向山下的沼泽撤去。英格兰人抓住战机，尾随追杀，很快展开疯狂屠杀。苏格兰摄政阿奇博尔德·道格拉斯就这样死在了英军的乱刀之下，丢掉性命的还有卡里克伯爵亚历山大·德·布鲁斯、门蒂思伯爵穆伊拉达赫三世、伦诺克斯伯爵马尔科姆二世、斯特拉森伯爵休·罗斯、萨瑟兰伯爵肯尼斯·德·莫拉维亚及一万多名士兵。苏格兰军队之所以遭到重创，是因为忘记了罗伯特·布鲁斯的告诫，即在没有任何防护的情况下，绝不可强攻部署有弓箭手的阵地。

1333年7月20日，贝里克城投降了。之后，爱德华三世率领的大军一路未遭到任何抵抗，顺利地进入了苏格兰低地，爱德华·巴利奥尔也再次登上了苏格兰国王的宝座。要不是爱德华三世太贪婪，和平也许就这样持续下去了。但

---

① 埃尔瑟姆的约翰（John of Eltham, 1316—1336），英格兰国王爱德华二世次子，第一代康沃尔伯爵。

爱德华三世率军包围贝里克城

哈里顿山战役

爱德华三世狮子大开口，要求爱德华·巴利奥尔将包括贝里克在内的所有边境领土①，甚至连爱丁堡都割让给英格兰。苏格兰人对此忍无可忍，于是揭竿而起，发誓要将新国王爱德华·巴利奥尔赶出苏格兰。爱德华·巴利奥尔慌忙逃向贝里克，再次向英格兰求助。英格兰毫不犹豫地伸出了援手，帮他再度夺回了远到珀斯的所有领土。

---

① 包括东洛锡安、中洛锡安、西洛锡安、贝里克、罗克斯巴勒、皮布尔斯、塞尔柯克和邓弗里斯。——原注

第7章

爱德华三世争夺法兰西王位与百年战争爆发

就在爱德华·巴利奥尔的王位不稳之时，一些新状况接连出现了，英格兰注定无法再全身心投入到苏格兰战争中去了。腓力六世从未停止袭扰英格兰在阿基坦边境的领地。一开始，法兰西还是以秘密的方式支持苏格兰的爱国运动，但不久这种支持就公开化了。法兰西的重骑兵越过北海与爱德华·巴利奥尔的部队作战，法兰西的私掠船也频频侵袭英格兰东海岸。英格兰的商船经常遭劫，贸易变得举步维艰。在巴黎宫廷避难的大卫二世向其身在北方的支持者保证，他们一定会得到法兰西持续不断的援助。爱德华三世也听到传言说，法兰西正在加来和诺曼底集结军队，准备大举入侵英格兰。法兰西海盗对泽西

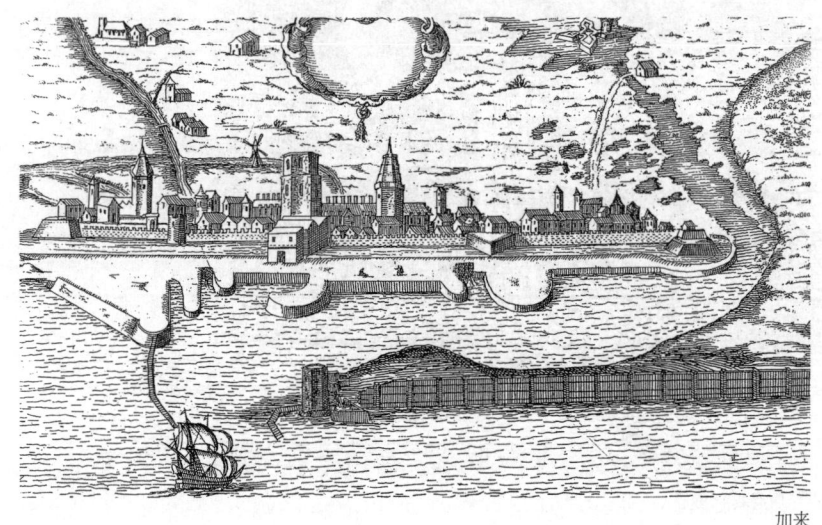

加来

岛、根西岛和怀特岛的侵扰也让该传言具有了可信度。显然，如果爱德华三世还将所有注意力都放在苏格兰战事上，那么英格兰的后院必将起火。

因此，爱德华三世开始紧锣密鼓地做起了备战工作。他派使臣分别前往神圣罗马帝国和尼德兰各诸侯国展开了外交活动，希望与它们结成反法联盟。在做出巨额补贴的承诺下，爱德华三世赢得了布拉班特公爵约翰三世、格尔德斯公爵雷金纳德二世、荷兰伯爵威廉三世和埃诺伯爵威廉一世的支持。此外，

荷兰伯爵威廉三世

佛兰德斯伯爵路易一世

英格兰还与佛兰德斯各城邦结成了联盟。这些城邦对其统治者佛兰德斯伯爵路易一世甘愿做法兰西国王附庸的举动非常不满。佛兰德斯人并不希望与英格兰开战，因为英格兰是他们的贸易伙伴。每年，他们都会从英格兰进口大批优质的羊毛，然后制成纺织品销往整个北欧。因此，当1336年10月路易一世抓捕许多英格兰商人，并将他们关入大牢后，佛兰德斯人对他挑起战端的做法愤怒不已，决定和爱德华三世联合起来反对路易一世。起义者的首领是根特著名的酿

起义者的首领雅各布·范·阿特韦尔德(中)

酒商雅各布·范·阿特韦尔德。他不仅富甲一方,而且能言善辩,果敢坚决,是根特人的精神领袖,其影响力远超路易一世。

在欧洲大陆有了盟友支持后,爱德华三世便以其人之道还治其人之身,针对腓力六世在过去四年中的做法进行了报复。他收留了遭到腓力六世驱逐的阿托瓦伯爵罗伯特三世,并组建了一支舰队,准备痛击出没于英格兰海岸的法兰西海盗。1337年10月,爱德华三世自封为法兰西国王,并称腓力六世是一位不折不扣的篡位者。这样一来，英法战争便不可避免了。据说，爱德华三世是在佛兰德斯人的鼓动下才这样做的。佛兰德斯人已经宣誓效忠法王，如果爱德华三世能争得法兰西王位，那么他们效忠的当然就是他，而不是瓦卢瓦家族的腓力六世了。

不过，爱德华三世的观点是不太能站得住脚的。他坚持的观点是，母亲伊莎贝拉是卡佩王朝末代国王查理四世的姐姐，因此在1328年继承王位的应该是直系外甥的他，而不应该是查理四世旁系堂兄的腓力六世。但法兰西历史上并没有女性后嗣继承王位的先例，因此法兰西贵族一致认为，王位应该由与已故国王关系最近的男性亲属继承。由于没有先例可循，人们只好参照几百年前法兰克王国颁布的《萨利克法典》中土地继承的相关规定，即家族中的男性代表才有土地继承权。自10世纪卡佩王朝统治以来，法兰西历代国王都有男性子嗣，所以王位继承从来都不是问题。就目前的这种尴尬的情况来讲，法兰西人最有权决定由谁来做他们的统治者，而他们最终选择了腓力六世。1329年，爱德华三世在接受阿基坦公爵爵位时，实际上已经承认了腓力六世的法兰西国王身份。但八年后，爱德华三世变卦了，这一做法确实有点儿荒谬。而且即便女性有王位继承权，爱德华三世的情况也并不乐观。因为他母亲伊莎贝拉还有两个哥哥，他们都有女儿。与伊莎贝拉相比，这些女儿享有优先继承权。按爱德华三世的说法，合法的法兰西国王应该是纳瓦拉的查理才对，即他母亲的大哥腓力五世的外孙。

爱德华三世争夺法兰西王位的行动让英格兰卷入了一场旷日持久的战争，战争一直持续到1453年才结束。后来，虽然英格兰在法兰西的最后一片领地也失去了，但历任英格兰国王都坚持认为自己同时是法兰西的国王，这种情况一直延续到乔治三世统治时期。

英法百年战争的爆发与腓力六世不断进行领土扩张的野心不无关系。自爱德华三世宣称要和腓力六世争夺法兰西王位开始，两国的冲突也随之升级，英格兰的命运开始变得糟糕起来。爱德华三世亲政后，英格兰虽然一改爱德华二世统治时期萎靡不振的面貌，但仍需在和平中休养生息。苏格兰战争并没有

查理四世

纳瓦拉的查理

爱德华三世收留了被驱逐的阿托瓦伯爵罗伯特三世

给英格兰的国力造成太大的损耗，但1337年开始的百年战争不一样，不仅劳民，而且伤财。爱德华三世不计后果的性格缺陷注定会给英格兰带来巨大灾难。但英格兰人起初非但没有注意到他的这一性格缺陷，反倒在哈里顿山战役大捷后将他视为最具骑士精神的英格兰复仇者。

第3卷

从战争爆发到黑死病来袭

1337—1349

第8章
爱德华三世率军入侵法兰西

1337年秋,英法两国结束了长期以来在海盗私掠和边境骚扰问题上的小打小闹,公开宣战。兰开斯特伯爵亨利的儿子德比伯爵格罗蒙的亨利奉命前往佛兰德斯帮英格兰的盟友——尼德兰——解围。他率军在卡德赞岛登陆后,虽

德比伯爵格罗蒙的亨利

然受到大部分人欢迎，但遭到佛兰德斯伯爵路易一世所率军队的阻击。不过，德比伯爵格罗蒙的亨利麾下的弓箭手作战勇猛，非常轻松地击退了佛兰德斯伯爵路易一世的重骑兵。佛兰德斯伯爵路易一世的重骑兵四散逃命。重骑兵的指挥官盖伊——佛兰德斯伯爵路易一世的私生子弟弟——被俘。

而爱德华三世本人却未能如愿快速组建起自己的军队，因为筹集到军队所需资金并非易事。议会同意他以每袋三英镑的价格在国内收购两万袋羊毛，并以最大的利润出口。国内其他出口商出口羊毛需要每袋交纳四十先令的关税，外国出口商需要交纳每袋六十先令的关税。此外，贵族和骑士需向爱德华三世交纳庄园收入的"十五分之一"作为税收，市民和神职人员的庄园收入的税率为"十分之一"①。即便有这些税收来源，不知节俭的爱德华三世在资金使用上仍然捉襟见肘。1338年7月，爱德华三世率领一支由一千六百名骑兵和一万名弓箭手组成的大军从奥威尔出征，但维持军队运转的预算只占了总开销的很小一部分。大部分钱都分给了尼德兰的诸侯们，但这些诸侯只想拿钱，并不想派兵上战场。爱德华三世前往科布伦次与神圣罗马帝国皇帝巴伐利亚的路

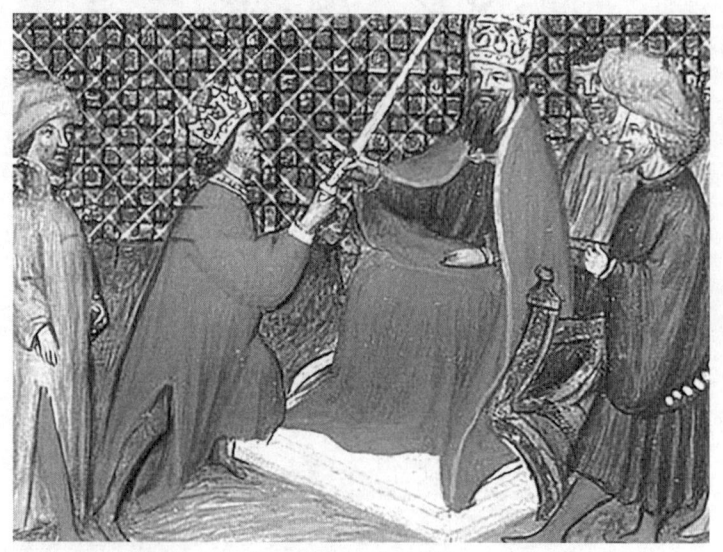

爱德华三世拜会神圣罗马帝国皇帝巴伐利亚的路易四世

---

① "十分之一"税由议会于1337年通过，"十五分之一"税由议会于1338年通过。——原注

神圣罗马帝国皇帝巴伐利亚的路易四世

易四世会面后,用一大笔钱换了个有名无实的莱茵河以西地区总督的头衔。但他很快就发现该头衔未让自己拥有更多的权力。在劝说布拉班特公爵约翰三世及其他盟友共同讨伐法兰西一事上,他绞尽脑汁。直到1339年春,反法联军才聚集起来。这时,爱德华三世率军待在安特卫普,没有采取任何行动,白白浪费了大量钱财。

有消息传来说,腓力六世调集了许多诺曼底船和皮卡第船,组成了一支庞大的舰队,并雇佣了热那亚舰队护航,驶向英格兰南海岸,接着搞起了破坏。听闻这个消息后,英格兰人对爱德华三世的散漫作风忍无可忍了。一个星期天，正当英格兰人做弥撒时，法兰西舰队登陆南安普顿，疯狂地烧杀掠夺。不久，朴茨茅斯及邻近的村庄也遭到了同样的命运。一番掠夺之后，法军带着战利品返回了法兰西。法兰西的这次远征极具历史意义，因为法兰西舰队装配了一门大炮！这是英格兰人首次见到大炮这种武器，并将它描述为"用火药将铁片从铁罐喷射出的器件"。当时，虽然大炮的威力有限，但这标志着人类战争进入了一个新的阶段。

第 9 章

斯鲁伊斯海战

1339年夏,爱德华三世终于将反法联军各部集合起来,开始向法兰西挺进。据说,反法联军的总兵力超过十万人,但并未取得辉煌的战果。反法联军先是围攻坎布雷未果,接着杀向坎布雷斯和弗曼多。腓力六世率领了一支和英军兵力相当的法军前来增援,但作战时法军非常谨慎,往往躲在树林或沼泽后面,这样就不容易遭到敌人的攻击。爱德华三世发动了多次进攻,都无功而返。法军则坚守阵地,以逸待劳。反法联军一时之间竟无计可施。最后,由于给养告急,反法联军中有些部队开始悄悄撤离。爱德华三世被迫率领一无所获的远征军撤回了布拉班特。

这时,爱德华三世也花光了英格兰议会拨付的资金,囊中羞涩。爱德华三世马上写信要求议会再次拨付一部分资金。虽然已经欠下了三万英镑的债务,爱德华三世还是希望议会再筹三十万英镑的资金。但14世纪的英格兰臣民是筹不来这么多钱的。无奈之下,他甚至将英格兰的王位以六万弗罗林①的价格抵押给了特里尔大主教卢森堡的鲍德温。1340年春,爱德华三世不得不回国亲自筹集资金。议会虽然最终同意爱德华三世可以就羊毛进出口再多征收两年的关税,但同时提出了附加条件。首先,爱德华三世需要保证解决民生疾苦问

---

① 1252年,热那亚和佛罗伦萨开始铸造叫"弗罗林"的金币,重3.5克左右,足金。通过南欧日益重要的贸易线路,弗罗林币进入了西欧和北欧,后来成为欧洲大多数金币的原型。

题，比如不让地方官和军队伙食官向百姓横征暴敛。其次，他还需保证永远不再提高王室直属城镇与采邑的地租。

钱袋里又有了钱后，爱德华三世决定再次进攻佛兰德斯。但有确切消息称，一年前在英格兰南海岸烧杀掠夺的法兰西舰队正守在英吉利海峡，准备阻断爱德华三世的去路。爱德华三世认为，无论如何都要掌握海峡的控制权。因此，他命令英格兰的所有港口将各自的船都调集到萨福克郡的奥威港。他要在奥威港率舰队启航。1340年6月22日，他率领近两百艘大大小小的船驶向了佛兰德斯。在公共海域，爱德华三世的舰队没有遭遇法兰西舰队的阻截，但快要靠近佛兰德斯的海岸时，斯鲁伊斯港内一排排法兰西舰的桅杆清晰可见。法兰西人早就在守株待兔了。他们的战舰数量与英格兰战舰数量相当，据说共有一百九十艘，其中"十九艘体积超大，非常罕见"。事实上，这十九艘战舰正是从热那亚雇来的真正意义上的军舰，与英法舰队中的武装商船大不相同。

法兰西舰队封锁了入港航道，且邻船靠得非常近，中间还设有障碍物。英格兰舰队很难突破法兰西舰队的封锁线。1340年6月24日，爱德华三世率舰

即将交战的英法舰队

英军弓箭手压制法军

队佯装逃跑，诱使法兰西舰队出来追赶。法兰西舰队追出港口后不久，英格兰舰队便掉头折回。一场混战旋即上演。因为双方的战舰紧紧靠在一起，所以登上敌舰杀敌就成了最佳的战术，而其他战术统统失灵。英军的弓箭手通过连续射击渐渐压制住法军的弓箭手，而英格兰的骑士趁机攀上了法舰，挥刀砍向了甲板上的敌人。爱德华三世本人奋勇当先，凭借大无畏的精神和勇气激励了英格兰所有将士。战斗一直持续到下午，法兰西舰队最终被彻底摧垮，三分之二的战舰被俘获，两万多名士兵或溺水而亡或惨遭屠戮。在英格兰历史上，这是第二次海战大捷。斯鲁伊斯海战过后，法兰西人失去了制海权。在接下来的战争中，英格兰人占据了海上优势，进攻多从海上发起。

斯鲁伊斯海战虽然堪称经典，但对整个战争局势起了负面影响。此役之后，法兰西人没有机会再次进攻英格兰了，而爱德华三世则念念不忘推行自己联合尼德兰盟友占领法兰西北方地区的计划。1340年7月，在抵达佛兰德斯不久后，爱德华三世便召集盟友去围攻图尔奈。不过，他陷入了和上次围攻坎布雷时一样的窘境——图尔奈久攻不下。两个月后，爱德华三世发现军费已经花光，盟友们接连离去。腓力六世按兵不动，只是远远地观望着反法联军的一举

斯鲁伊斯海战

斯鲁伊斯海战中法军大败

一动，不打算和反法联军短兵相接。爱德华三世一时也找不到好的对策。秋雨已经来临，但军费尚未到位；更糟糕的是，有坏消息传来说，法兰西人再次侵入了英格兰的领地——阿基坦，接连攻陷城池，苏格兰人也赶走了爱德华·巴利奥尔，并越过特威德河攻入了英格兰境内。孤立无援的爱德华三世情绪低落到了极点，于是向腓力六世发出了停战书。腓力六世知道图尔奈城内严重缺粮，随时可能投降，于是就欣然接受了爱德华三世的停战提议。1340年9月，英法两国签署了九个月的停战协定，停战范围还包括苏格兰及阿基坦。爱德华三世解散军队，怒气冲冲地返回了英格兰。他把这次远征失利的原因全部算在了别人头上，并未进行自我反省。

第 10 章

布列塔尼公国内战

一回到伦敦,爱德华三世就将满腔的怒气发到了大臣们身上,指责他们要么侵吞要么挥霍了议会拨给他的资金,从而使他的战争计划彻底泡了汤。他免去了总理大臣兼奇切斯特主教罗伯特·德·斯特拉福的职务,拘押了财政大臣利奇菲尔德主教罗杰·德·诺斯布鲁。他还把首席大法官约翰·斯托诺爵士及其部分同事、包括伦敦市长在内的政府主要官员统统关进了监狱。罗伯特·德·斯特拉福的哥哥约翰·德·斯特拉福不仅是坎特伯雷的大主教,而且多年来扮演着像现在英格兰首相一样的角色。因此,约翰·德·斯特拉福这次受到的惩罚最严重。爱德华三世试图以行政失职为由将约翰·德·斯特拉福送上法庭审判。不过,约翰·德·斯特拉福申辩说,只有上议院的贵族和主教议员才有权审判他。他的申辩得到了普遍支持。上议院还成立了一个专门委员会来声援他,并提出了一个原则——不经议会全体贵族议员同意,不可随意逮捕、审判和处置任何贵族议员。最终,爱德华三世被迫做出了让步,承认了自己的错误。气消后,爱德华三世不仅和约翰·德·斯特拉福达成了和解,而且释放了被关押在监狱里的那些大臣,最后甚至跟议员们客气地商量起了日后的经费问题。在承认议会拥有三项非常重要的权利后,爱德华三世才获得了自己想要的经费。这三项权利分别是:

一、贵族议员应该享有约翰·德·斯特拉福大主教上述主张过的权利;

二、今后大臣的任命需通过议会,并且大臣就职时需宣誓遵守英格兰法律;

三、议会有权指派特别委员会审计国王的一切开销。

1341年5月,英格兰上议院和下议院终于享有了防止国王做出鲁莽之举的权力:它们可以干预大臣的任命,可以审计王室的收入和经费使用状况。不过,爱德华三世是个十足的两面派。在私下里,他说自己根本不会受自己所作承诺的约束。1341年10月,他公然宣称,当时在情非得已、顾全大局的情况下,他才做出了上述承诺,但他心里并不认同,因为一切损害王权的行为都不具备法律效力。

这种把戏用过后两年时间里,爱德华三世都没敢再召集议会议事。这时,英格兰正深陷战争泥潭,短期内胜利无望。造成这种状况的主要原因是缺少经费,次要原因一方面是神圣罗马帝国和其他盟友的中途退出,另一方面是苏格兰边境的战况不断告急。1341年,斯特灵和爱丁堡落入了苏格兰爱国军队的手中,彻底失去王位的爱德华·巴利奥尔只得重返英格兰定居。

斯特灵

蒙福特的约翰

此刻，英格兰最明智的做法就是承认战争已失利，并与法兰西和苏格兰尽快停战。然而，爱德华三世的力量尚存，就继续寻觅与腓力六世缠斗的机会。1341年，法兰西王室第二大领地布列塔尼上演了一场激烈的爵位继承战争，起因跟腓力六世和爱德华三世当年的法兰西王位之争相似。布列塔尼公爵约翰三世薨后，其哥哥的女儿布洛瓦女伯爵珍妮和他的弟弟蒙福特的约翰均声称自己才是爵位的合法继承人。令人感到讽刺的是，作为法王查理四世男性继承人的腓力六世支持的居然是布洛瓦女伯爵珍妮，而曾主张女性后嗣有王位继承权的爱德华三世支持男性继承人蒙福特的约翰，并坚称爵位的继承应严格按照《萨利克法典》的规定执行。

布列塔尼公国内战一开始，支持布洛瓦女伯爵珍妮的一派便占据了上风。在法军的帮助下，布洛瓦女伯爵珍妮的军队夺取了布列塔尼公国的都城南特，并俘虏了在城内固守的蒙福特的约翰。不过，蒙福特的约翰的妻子珍妮·德·内弗斯英勇无畏，没有投降，而是坚守亨尼朋城堡，继续与布洛瓦女

珍妮·德·内弗斯坚守亨尼朋城堡

南特人向蒙福特的约翰夫妇致敬

伯爵珍妮抗衡。后来，爱德华三世的得力战将沃尔特·曼尼爵士率英军赶来给她解了围。随后，爱德华三世亲率大军赶来，赶走了在西布列塔尼的法军和布洛瓦女伯爵的军队。但英军最终没能攻下南特和雷恩，东布列塔尼仍处于法军的控制之下。

内战没有分出输赢，于是1343年1月双方决定休战。要不是腓力六世和爱德华三世干涉，布列塔尼公国内战可能就这样结束了。由于双方均未能获得整个公国的统治权，布列塔尼的归属问题也就悬而未决。腓力六世并未信守诺言，而是将蒙特福的约翰一直囚禁在监狱里。直到1345年，蒙特福的约翰才成功越狱，逃回了亨尼朋。在休战的三年时间里，布列塔尼和阿基坦的边境冲突一直没有停止过。

第11章
爱德华三世进军巴黎

1343年,爱德华三世召集议会议事。议会同意了爱德华三世的休战计划,并建议他如果情况有利就实现和平,如果情况不利就继续开战。暂时停战是爱德华三世的无奈选择,因为英格兰议会为了王室利益正与教皇激烈地斗争。1310年,自教皇克莱门特五世移居法兰西的阿维尼翁以来,教皇就一直处

教皇克莱门特五世

于法兰西国王的控制和影响之下。在英格兰教区主教和其他神职人员的任命上，教皇根本无视英格兰国王和神职人员的利益，总是把肥缺安排给外族人。当然，教皇也会从中牟利。而这些外族的神职人员只知道敛财，很少或根本不考虑如何为教会及教民服务。这让英格兰人忍无可忍。克莱门特六世不顾英格兰人的感受，"让外族人担任教职，而这些人大部分是无耻之徒。他们不在教区居住，也不认识教区的信徒，不懂当地的语言，更别提如何安抚信徒的心灵了。敛财才是他们的目标。使徒是为信徒服务的，而不是来盘剥他们的"。1344年，爱德华三世颁布法令称，未经他的同意，任何人不得在英格兰散播教

克莱门特六世

征服者威廉

皇的训谕。该法令得到了所有英格兰人的支持。其实，这是老调重弹。早在11世纪，征服者威廉就颁布过类似的法令。爱德华三世现在再次强调要执行该法令。但议会直到1352年才通过了《神职授职法》，规定国王有权逮捕和监禁那些借教皇名义损害英格兰利益的神职人员。

1345年底，形势已经明朗，和平无法在英法两国持续了。爱德华三世决定再次远征法兰西。这次，爱德华三世没有将尼德兰作为远征军的大本营，因为他觉得尼德兰靠不住。最近，一贯支持他的雅各布·范·阿特韦尔德在一次动乱中遇难了。尽管佛兰德斯仍然臣服英格兰，但几乎所有邻近的诸侯国都与法兰西签署了和平协定。爱德华三世并未将布列塔尼列为首攻之地，而是将矛头指向了法兰西的心脏。他准备从诺曼底登陆，直捣巴黎。他派兰开斯特伯爵亨利和德比伯爵格罗蒙的亨利率领一小队人马驻守阿基坦，主力部队则由他亲自率领。值得一提的是，活跃在吉耶纳战场上的德比伯爵格罗蒙的亨利表现得非常优秀，他早在卡德赞岛战役中就崭露头角，并在1345年10月23日的奥贝罗切战役中重创过敌军。他将腓力六世的儿子好人约翰率领的法兰西军队牵制在了南方地区，为爱德华三世率军攻打塞纳河地区创造了便利。

1346年7月11日，爱德华三世亲率一支完全由英格兰人组成的军队从拉霍格角登陆了。不过，与1338年和1341年在佛兰德斯登陆的联军相比，这支军队

奥贝罗切战役

好人约翰

的人数要少得多，由四千名重骑兵、一万两千名弓箭手、六千名威尔士轻步兵及一支爱尔兰舰队构成。英军在诺曼底突然登陆完全出乎腓力六世的意料。法兰西人一直认为英军会前往吉耶纳援助德比伯爵格罗蒙的亨利。因为法兰西人毫无防范，所以爱德华三世从诺曼底登陆后，一路长驱直入，许多天都未遇到过真正的抵抗。英军一路烧杀掠夺，接连攻下了巴弗勒、瓦洛涅、卡伦坦和圣洛这几个未设防的小镇。到了卡昂，英军才遭遇了真正的抵抗。不过，英军还是轻松击败了当地的民兵，俘虏了民兵首领坦卡维尔伯爵默伦的约翰一世和欧伯爵阿托瓦的约翰。掠夺了富饶的卡昂后，英军又直指鲁昂。然而，法兰西人已经破坏了塞纳河下游的所有桥梁，所以英军暂时无法攻入城内。于是，爱德华三世命令舰队把在诺曼底掠夺的战利品运回英格兰，而他则率领大军继续留

卡昂战役

欧伯爵阿托瓦的约翰

在塞纳河以南，准备攻打巴黎。这是一个非常冒险的计划。首先，法兰西已经调集重兵防守；其次，英军在诺曼底没有大本营，一旦撤退就需远赴吉耶纳或佛兰德斯。巴黎不是凭突袭便能攻下的。显而易见，爱德华三世攻打法兰西首都绝对是冒险之举。虽然英军在行军途中没有遭遇猛烈抵抗，但在逼近巴黎南门时有消息传来说，腓力六世正亲率六万大军在圣丹尼以逸待劳。腓力六世的儿子好人约翰也率部从吉耶纳赶来支援。英军穿越诺曼底的行动过于缓慢，对手早已调集好兵力，严阵以待。攻打巴黎的计划看来是不可能继续下去了，英军需要在前往波尔多还是退守佛兰德斯之间做出选择。即便选择退守，事情也没那么容易，因为英军需要跨过塞纳河，而河上的桥梁已经被法兰西人破坏。爱德华三世最终选择了退守佛兰德斯。他匆忙率军赶赴距巴黎十英里的波西桥。弓箭手将守桥的法军驱散后，英军匆忙用木板搭起了桥梁，在腓力六世率大军赶来之前过了塞纳河。

第 12 章

克雷西战役

过河后，爱德华三世率军全力向北逃去，腓力六世则率大军紧紧追赶。两支军队一直保持着一定的距离。英军的先头部队赶到索姆河时，发现河上所有桥梁都遭到了破坏，河对岸还有皮卡迪的民兵严阵以待，做好了阻击英军的准备。爱德华三世试图从亚眠附近渡河，但三次努力均告失败。而腓力六世的大军眼看就要追上来了，前有索姆河难以渡过，后有追兵来势汹汹，看来英军凶多吉少。就在危急关头，一位当地农民告诉爱德华三世一个可以冒险渡河的办法。索姆河下游阿贝维尔城附近靠近大海的地方有一个叫"布兰切塔克"的浅滩。布兰切塔克浅滩中的水是潮水，一天中会有四个小时处于低水位。尽管河对岸有一支皮卡迪民兵，浅滩的水在低水位时也比较深，但爱德华三世已经别无选择。他命令重骑兵涉水强行渡河，同时让弓箭手向对岸的皮卡迪民兵射击，掩护骑兵过河。一番激战后，英格兰骑兵击溃了对岸的皮卡迪民兵，英格兰大军随后鱼贯涉水渡过了索姆河。腓力六世率追兵赶到时，河水涨了起来，阻断了他们追赶的步伐。

爱德华三世就这样与腓力六世拉开了一天的路程，面前是通往佛兰德斯的开阔大路。英军一路急行军，行至克雷西后，爱德华三世突然命令军队停止前进，并宣布要在这里和法军决战。"他现在回到了自己的领地庞蒂厄，要凭借地形优势和法军决一雌雄。"事实上，克雷西真是绝佳的阵地，因为即便战斗失利，英军也可安全撤向佛兰德斯。

英军强渡索姆河

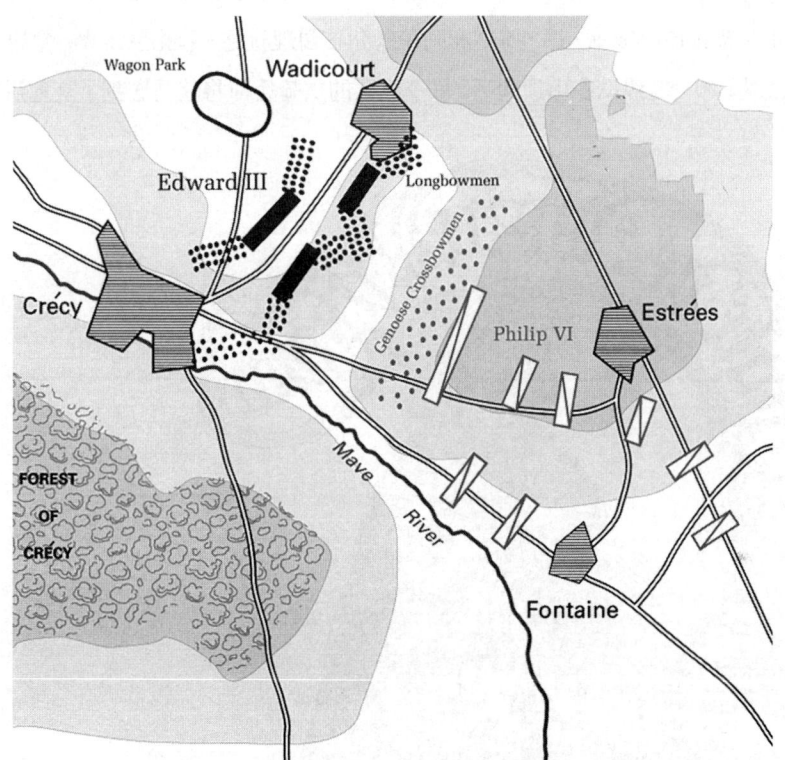

克雷西战役形势图。Crecy= 克雷西；FOREST OF CRECY= 克雷西森林；Wagon Park= 粮草车；Wadicour= 瓦迪考特；Edward III = 爱德华三世；Maye River = 梅伊河；Fontaine= 枫丹；Estrees= 伊斯特里斯；Phillip VI = 腓力六世；Genoese Crossbowmen= 热那亚弩兵；Longbowmen= 长弓箭兵

爱德华三世率军驻扎在克雷西东面的山坡上,右面是一条叫梅伊的小河和一片茂密的树林,左边是瓦迪考特村的果园。山坡的前面是山谷,山谷的对面是平地。法兰西军队一会儿会出现在平地上。英军分为三支纵队,两支在前,一支殿后。南翼纵队由刚满十六岁的黑太子爱德华率领,黑太子爱德华第一次上战场,由作战经验丰富的沃里克伯爵托马斯·德·比彻姆和牛津伯爵约翰·德·维尔辅佐。北翼纵队由北安普顿伯爵威廉·德·博亨和阿伦德尔伯爵理查德·菲扎兰统率。爱德华三世自己则率领一支纵队在山顶殿后。每个纵队的重骑兵都将战马送到了阵地后方,

沃里克伯爵托马斯·德·比彻姆

士兵们像在达普林战役和哈里顿山战役时一样，徒步站在山坡上，两侧有弓箭手保护。弓箭手的队形呈弯月状。这样一来，当法军向中间的重骑兵发起冲锋时，弓箭手就可以将法军包围起来。

从阿贝维尔赶过来的腓力六世一直以为英军还在向佛兰德斯全力逃窜，所以当发现英军已经在克雷西附近的山坡上摆好战阵后大吃一惊。腓力六世率领的法军长达好几英里，先头部队已经追上了英格兰的部队，但后面的部队有的刚从阿比维尔出发。腓力六世原本想把战斗推迟到第二天进行，但先头部队中那些脾气暴躁的将领们拒绝停下脚步。他们逼向了英军的阵地，战斗一触即发。迫于属下强烈的进攻愿望，腓力六世只能尽力调集人马发动进攻了。他将六千名热那亚雇佣弩兵安排在队伍最前面，以对付英格兰的弓箭手。弩兵后面则是由阿朗松伯爵查理三世和佛兰德斯伯爵路易一世率领的重骑兵，重骑兵的后面是陆续赶来的各支分队。

热那亚雇佣弩兵冲到山坡前，刚准备搭弓放箭，山坡上拉满弓的英格兰弓箭手"抢先下了手。一时之间，箭如雨下，又快又密"。英格兰弓箭手射击精准，放箭速度比每次放箭都需重新调整的热那亚雇佣弩兵快五倍到六倍。不一会儿，热那亚雇佣弩兵便溃不成军，狼狈地逃了回去。阿朗松伯爵查理三世没有领教过英格兰弓箭手的厉害，大骂热那亚雇佣弩兵懦夫。愤怒的他命重骑兵向英军阵地发起冲锋，根本不顾前面热那亚雇佣弩兵的安危。这是一种残忍而疯狂的进攻方式，许多可怜的热那亚雇佣弩兵就这样躺倒在自家队伍的铁蹄之下，而骑兵也无法畅通前行，只能分散开来冲向英军。他们刚冲入英军便发现，远远低估了英军的能力。几乎所有骑兵都被英格兰的弓箭手射落马下，只有少数骑兵突破防线，杀向了黑太子爱德华和北安普顿伯爵威廉·德·博亨率领的下马作战的骑兵。阿朗松伯爵查理三世和佛兰德斯伯爵路易一世在混战中分别毙命。虽然开局不利让腓力六世愤怒不已，但他并没有被困难吓倒，而是命令将士们向英格兰的阵地发起了一轮又一轮的冲锋，但每次均以失败告终。英勇的法兰西骑士并未气馁，他们的进攻一直持续到夜幕降临。最终，一支骑兵突破封锁，冲向了黑太子爱德华率领的部队。黑太子爱德华马上请求父亲爱

克雷西战役

爱德华三世埋葬在克雷西战役中的阵亡者

德华三世支援，但遭到了拒绝。爱德华三世认为"王子应该自己克服困难"。黑太子爱德华没有辜负爱德华三世的期望，击退了缺少后援的法兰西骑兵。

　　黄昏时分，法军阵形已经大乱，开始陆续撤离战场。爱德华三世并未让英军乘胜追击，因为他担心在黑暗之中军队会遭遇不测。第二天早上，英格兰人统计了一下战果：战死的法兰西将士达一万多人，其中有伯爵、男爵和骑士头衔的至少一千五百五十二人。在这些战死的将士中，最著名的当属法兰西盟友波希米亚国王约翰一世。他虽然近乎失明，但冲锋陷阵时坚持冲在队伍最前面。最终，在与黑太子爱德华的部队战斗时，他和士兵们全部战死。洛林公爵鲁道夫和法兰西北方十位伯爵也在这场战役中战死。

　　这就是法兰西骑士鲁莽进攻的结果。他们一味地向英格兰重骑兵发动攻势，却不知道英格兰弓箭手的厉害。大获全胜的爱德华三世终于不用担心法兰西人的袭扰，完全可以按自己的计划行事了。于是，他决定前去围攻与多佛隔海相望的法兰西港口城市加来。只要攻占加来，就等于打开了通往法兰西的门户，同时能打击法兰西海盗的私掠活动，进而保护肯特郡和苏塞克斯郡的安全。

第 13 章

攻占加来

　　爱德华三世在加来安营扎寨后,一条鼓舞人心的消息传来了。在英格兰北部,英军大败苏格兰入侵者。苏格兰国王大卫二世趁爱德华三世远征法兰西之际侵入了英格兰。据说,苏格兰人"认为英格兰人都出去打仗了,国内只剩下了磨坊主和牧师了",所以趁机从英格兰边境防御最薄弱的地方打了进来。他们一路南下,竟然攻到了达勒姆郡。不过,在内维尔十字,入侵者遭遇了英格兰地方民兵的阻击。领导英格兰民兵抗击入侵者的是亨利·珀西和约翰·内

内维尔十字战役

第 13 章 攻占加来 | *085*

维尔勋爵及曾经的苏格兰国王爱德华·巴利奥尔①。1346年10月17日，苏格兰国王大卫二世的军队遭到重创。苏格兰长矛兵根本无法抵抗英格兰弓箭手射来的箭雨，哈里顿山战役的悲剧再次上演。苏格兰国王大卫二世和许多苏格兰贵族都被俘虏了，他们被囚禁在英格兰长达十年之久。不过，大卫二世并未遭到虐待，但他的同党门蒂思伯爵约翰·格雷厄姆爵士的结局非常悲惨。约翰·格雷厄姆爵士背叛了原先的主人爱德华·巴利奥尔，投靠了大卫二世，所以最终被愤怒的英格兰人以叛国罪处决示众。其实，这种残忍的处罚并不合情理，因为有一半多被俘的苏格兰贵族都属于这种情况。

克雷西战役后，英格兰军队捷报频传。德比伯爵格罗蒙的亨利（其父去世后继任兰开斯特伯爵）将法兰西人赶出了阿基坦；布列塔尼的托马斯·达格沃思爵士在罗什达林击败了布卢瓦的查理。围攻加来的形势一片大好。为了突

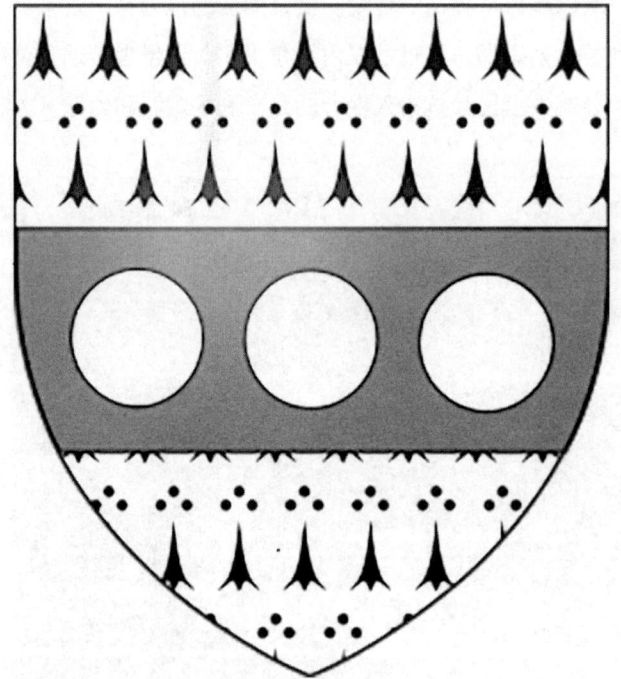

布列塔尼的托马斯·达格沃思爵士的徽章

---

① 爱德华·巴利奥尔返回英格兰后，做了巴纳德城堡和北方其他几个郡县的男爵。——原注

围攻加来

破英格兰的封锁,腓力六世召集了一支大军,但克雷西战役失利的阴影让他不敢轻举妄动。1347年8月3日,在弹尽粮绝后加来向爱德华三世投降了。

爱德华三世恩准那些臣服的加来市民保留自己的房子,但大多数市民因坚持效忠法兰西王室而遭到了驱逐。取而代之的是,数以千计的英格兰商人和渔民迁入加来。此后两百年里,加来完全变成了英格兰的城市,曾一度派代表参加威斯敏斯特的议会会议。日后,英格兰对法兰西北部的入侵也都是从这个"门户"发起的。加来还发展成了与佛兰德斯人进行贸易的中心。法兰西曾多次想通过各种手段收复加来,但均以失败告终。

加来沦陷后,英法百年战争进程中又出现了一次休战,休战期内双方保持当时各自势力范围不变。要不是来年英法两国都遭遇了一场巨大灾难的话,休战期可能不会持续太长的时间。1347年,一场源自印度和幼发拉底河流域的致命瘟疫扩散到了君士坦丁堡。1348年,瘟疫横扫意大利,接着蔓延到了整个西欧。1348年夏,英法两国也未能幸免于难。

第14章
黑死病的爆发及影响

这场被称为"黑死病"的瘟疫就像突发性伤寒一样,传染性极强,受感染者急起高热,中毒症状明显。中世纪欧洲的城镇人口密集,卫生条件差,加上人们缺乏基本的健康常识,所以黑死病如同野火一样迅速蔓延开来。人烟稀少的乡村也未能幸免。几百年后,许多地方还未能从灾难的影响中恢复过来。

黑死病的死亡场景

曾移居格陵兰岛的挪威人灭绝了，最古老的殖民地也从人们的记忆中消失了。瑞典许多教区因人口锐减仿佛又回到了丛林生活的年代。莫斯科大公国有六万人死于这场瘟疫。佛罗伦萨在八个月内减少了十万人。和其他地区一样，英格兰从1348年8月到1349年9月的整整一年里都遭受着瘟疫的折磨，冬季的严寒未能削弱瘟疫传播的威力，而多于常年的雨天更是让瘟疫肆意蔓延。爱德华三世的女儿乔安娜在与卡斯蒂尔的佩德罗订婚前夕因感染瘟疫而亡。不过，对她来说，这算是幸事了，因为卡斯蒂尔的佩德罗非常残暴。后来，他娶了波旁的布兰奇，但不久就谋杀了可怜的法兰西新娘。坎特伯雷的两位大主教约

波旁的布兰奇

翰·德·乌福德和被人们称为"博学教士"的哲学家托马斯·布拉德沃丁也相继染病身亡。事实上，神职人员由于经常接触卧病在床的人，所以更易染病。诺维奇教区的主教登记簿显示，一年里大约有三分之二的主教职位换了新人。虽然约克郡普通百姓的死亡率较低，但有半数以上的教区牧师染病身亡。布里斯托的市场长满了荒草。伦敦把斯皮塔菲尔德的圣巴塞洛缪医院的十三英亩土地全部用作了墓地，掩埋了五万多具尸体。牛群在庄稼地中自由穿行，无人去将它们赶走。北海岸边有许多搁浅的船，甲板上都是死去的船员。现在我们常说，在当时黑死病肆虐的十三个月里，英格兰损失了一半人口。其实，这种说法并没有夸大事实，当时各地的人口统计记录都证实了该数据的准确性。

漫画：黑死病在船上肆虐，吞噬船员的生命

黑死病的社会影响和政治影响显然是巨大而深远的。它让人们变得自私冷漠，道德开始沦丧，地主和劳动者的关系变得空前紧张。随着大批农业生产者在瘟疫中死去，各庄园领主的土地已经没人再耕种下去了。幸存下来的劳动者要求庄园领主付给他们更高的报酬，而这对庄园领主来说简直就是在敲诈。于是，领主们还想能像过去一样要求农民每年为其无偿劳动一定的天数。不过，这种做法早在好几代前就已经废止了，地主们从那时就一直用金钱换取劳动。他们也同意劳动者由农奴变身为佃户。因此，现在再强行恢复已经废弃多年的做法必然会引发诸多的问题。有的劳动者选择了逃往他乡；有的劳动者秘密联合，共同抵制地主们的无理要求。代表地主阶级利益的议会通过了一些法规，允许地方治安官设定所在地区的工资水平。劳动者要求的报酬或雇主支付的报酬如果高于所在地区的最高工资，就会受到法律的惩罚。但政治经济规律谁也回避不了，自私不公的立法只能激化而非解决矛盾。1352年出台的《劳动者法规》极不明智，成为三十年后农民暴动的主要原因之一。

第 4 卷

从黑死病来袭到《布列塔尼和约》

1349—1360

第15章

温切尔西战役

因为英法两国都爆发了可怕的黑死病,所以瘟疫出现后的七年中,两国没有再发生大规模的战争。在很长一段时间里,两国实质上处于休战状态。两国虽然偶有敌对,但大多数时间还是在试图重启1348年6月的和谈计划。不过,停战协定并不能防止敌对情况发生。1349年末,腓力六世违背停战协定,决定不惜一切代价要收复加来。腓力六世用两万金克朗收买了加来深受爱德华三世信任的守军上尉阿尔梅里戈·达·帕维亚,命他在夜里悄悄放法军进城。但这位意大利雇佣军官将计就计,马上向爱德华三世泄了密。爱德华三世亲自率领一支九百人的队伍从多佛赶了过来。1349年12月31日晚,部分法军刚进入加来城,便遭到了英军重骑兵的屠戮。一番抵抗后,这些入城的法军将士有的被歼灭,有的被俘虏,没有逃出城去的。

1350年8月22日,腓力六世驾崩,好人约翰登基,史称"约翰二世"。他没有调整法兰西的对外政策,继续推行其父腓力六世的做法,不愿与英格兰讲和。约翰二世登基前一周,英吉利海峡上演了一场激烈的海战。一支庞大的比斯开舰队溯海峡而上,大肆抢夺英格兰的货物。腓力六世曾对卡斯蒂尔国王亨利二世许以重利,并诱使他向英吉利海峡派出了拉塞尔达伯爵查尔斯指挥的舰队。该舰队的军事企图和商业企图昭然若揭,穿越海峡后直奔佛兰德斯港。所有舰船载满了各种商品。就在这支舰队准备驶回卡斯蒂尔时,爱德华三世在桑维奇迅速组建了一支英格兰舰队,追杀了过来。不过,英格兰舰队无论在人数

温切尔西战役

上还是在吨位上都处于劣势。乍一看,英格兰舰队必输无疑。爱德华三世和黑太子爱德华所在的战舰在战斗中被击沉,但不屈不挠的英格兰士兵从下沉的战舰上爬上了卡斯蒂尔的战舰。一番殊死搏斗后,卡斯蒂尔人竟仓皇逃窜,将二十四艘商船留给了英格兰人。1350年8月29日,这场发生在温切尔西附近海域的海战,史称"温切尔西战役"。

与法兰西重新开战前的这个阶段,有几部法规在英格兰宪政史上留下了非常重要的印记。除了上文提到的《劳动者法规》及自1344年与教皇斗争获胜后出台的《圣职授职法》外,1350年到1355年,英格兰还颁布了其他几部重要的法规。这其中就有《重要商品法规》,规定诸如羊毛、皮革、锡、铅等英格兰最重要的出口产品只能在特定的城市销售,包括十个英格兰城市、四个爱尔兰城市和两个加来地区的城市。布鲁日则不在可销售城市之列。《重要商品法规》指定销售城市的主要目的就是方便王室征收羊毛税；王室税务官的精力只需放在少数几个地方，这样就能大幅提高征税效率了。但此举在繁荣大城市贸易的同时也给小城镇的贸易造成了较大的冲击，整个国家的贸易极有可能会被少数商人垄断和操控，因为只有他们才有在指定城市进行贸易的权利。此外，《叛国法》是当时出台的另一部重要法规。与原来的法规相比，《叛国法》在叛国罪名的解释上更加准确，而后来的英格兰王室法官也一直试图扩大叛国罪名的范围，以便为国王攫取到更多的利益。

1355年4月1日，黑死病爆发之后的休战画上了句号。1355年夏，英格兰人再次入侵法兰西，既希望得到老朋友布列塔尼公国的蒙福特党人支持，又希望得到纳瓦拉国王查理二世的帮助。查理二世在诺曼底拥有大量庄园，可以为英格兰人所用。不过，爱德华三世率领的英格兰大军遭遇了暴风雨袭击，贻误了战机。为了保全自己，查理二世只得与法王约翰二世签订和约。另外一支规模较小的英格兰军队在二十六岁的黑太子爱德华率领下，攻向了波尔多。与爱德华三世率领的英军相比，这支英军的运气好得多，登陆法兰西后，先是与加斯科涅的英军会合，接着攻入了朗格多克。英军一路势如破竹，经过图卢兹、纳博讷和卡尔卡松，几乎都要攻到地中海了。这次入侵是英格兰有史以来攻入法兰西最深的一次。但除了烧杀屠戮，这支英军并没有取得实质性的战果，其远征也没有什么政治目标或战略目标。这时，爱德华三世在遭受暴风雨的袭击后，重整旗鼓，最终率领大军成功渡过了海峡，1355年深秋抵达加来。就在英军攻入皮卡迪时，有消息传来说，苏格兰人奇袭贝里克，侵入了诺森伯兰郡。听闻这个消息后，爱德华三世顿时火冒三丈，率大军撤回了英格兰，想狠狠教训苏格兰人。虽然冬天到了，但爱德华三世还是率军越过边境，血洗了玛吉斯和洛锡安，爱丁堡也未能幸免。英军所到之处，烧杀掠夺，手段之残忍令人难以置信。苏格兰人将这场灾难称为"烧伤的圣烛节"①。虽然英军未遇到正面抵抗，但粮道被切断了，在撤回贝里克的途中不断遭受苏格兰低地人的袭扰。

---

① 圣烛节于每年的2月2日举行。圣烛节是纪念圣母玛利亚产后四十天带着耶稣往耶路撒冷祈祷的日子，故又称"圣母行洁净礼日"。

黑太子爱德华因成功突袭朗格多克而赢得了部下的信任。1356年夏，他决心续写一年前的辉煌。于是，他率领一支部队从波尔多出征了。部队由三千五百名骑兵和四五千名步兵组成，其中半数以上为英格兰人，其余为从吉耶纳征募的新兵。这次，黑太子爱德华并没有向法兰西南部进攻，而是攻入了法兰西中部，途经利穆赞、奥弗涅、贝里，一路杀到了卢瓦尔河。显然，他是想和弟弟冈特的约翰率领的部队会合。冈特的约翰是1356年6月1日率军离开英格兰前往布列塔尼的。虽然黑太子爱德华的远征得到了纳瓦拉国王查理二世与诺曼底某些贵族的支持，但其进攻计划最终还是流产了。

第 16 章

波伊泽德战役

黑太子爱德华率军沿卢瓦尔河进至图尔，其间均未遇到法军抵抗。不过，随后他听说，约翰二世率领一支由法兰西北部和中部武装组成的大军在布卢瓦渡过了卢瓦尔河，企图切断英军到波尔多大本营的退路。英军的兵力不及法军的五分之一，不少士兵要负责押运掠夺而来的物资。因此，黑太子爱德华并不想与法军发生遭遇战。他率军全速向大本营撤去。双方统帅率军各自赶路，但在波伊泽德附近不期而遇了。发现遇到法军后，黑太子爱德华马上命令部队停止前进。英军扔掉了所有战利品，迅速撤到莫佩尔图瓦附近的一个山坡上，然后扎下营来。营地前有树篱，左有米奥松河，后有茂密的丛林。黑太子爱德华以为法军会立即发动进攻，但约翰二世用了一天时间侦察英军的阵地，然后敦促英军尽快投降。英军当然不会投降。次日，黑太子爱德华率领先头部队带着辎重渡过了米奥松河。他本以为可以不战而撤回波尔多，结果却发现法军正以四列纵队压迫过来。英军慌忙撤回了阵地，战斗一触即发。

约翰二世在克雷西战役中领教过英格兰弓箭手对法兰西骑兵的杀伤力。所以，他命令大部分骑兵下马徒步冲向英军阵地。只有少部分优秀的骑士被选为骑兵先锋，要快速杀向英格兰弓箭手，将他们驱散。剩下的步兵分为三队，每队由四千名士兵到六千名士兵组成，分别由约翰二世、王太子查理、奥尔良公爵腓力二世率领。前面的先头部队分别由让·德·克莱蒙和阿尔诺·德奥雷海姆两位元帅率领。

英军与法军在波伊泽德遭遇

波伊泽麄战役

现在，黑太子爱德华的兵力是六千多，他像父亲爱德华三世当年指挥克雷西战役一样，将自己的队伍分成了三队，两队在前，一队殿后。北翼由萨福克伯爵威廉·德·乌夫德和索尔兹伯里伯爵威廉·德·蒙塔古率领，南翼由沃里克伯爵托马斯·德·比彻姆和牛津伯爵约翰·德·维尔率领。弓箭手埋伏在树篱后面，他们的身后是重骑兵。黑太子爱德华和陪臣加斯科涅的让·德·格里利率部殿后。

法军的两位元帅指挥骑兵冲向树篱，但骑兵还没有逼近英格兰弓箭手，便已被射落马下。就在法军骑兵快被击溃时，王太子查理率领的纵队杀了上

索尔兹伯里伯爵威廉·德·蒙塔古

来。他们与英格兰士兵短兵相接,展开了厮杀。黑太子爱德华见情况不妙,马上抽调殿后的部队紧急支援。法军顿时陷入了混乱,向山坡下逃去,奥尔良公爵腓力二世率领的部队也乱了阵脚,非但没有攻向英军,反倒和前面的逃兵一道撤离了战场。但法王约翰二世本人率领的部队一直向英军阵地推进,其兵力与英军的总兵力相当。此时,法军士兵体力充沛,而英军士兵则已筋疲力竭。黑太子爱德华没有坐以待毙,而是拿出了决一死战的勇气,指挥殿后的部队全力向山下的法军冲了过去。他一边指挥士兵和法军正面拼杀,一边命令让·德·格里利率领三百名士兵向北绕大圈迂回至法军的侧后方发动攻击。

黑太子爱德华的这一决定彻底改变了战局。法王约翰二世调集所有人马向疲惫的英军发起了猛攻。英格兰弓箭手已无箭可射,只能和法兰西骑兵肉搏。关键时刻,让·德·格里利率领的三百名士兵突然在法军后方发起了进攻,并高喊道:"圣乔治!吉耶纳!"法军士兵以为自己被包围了,于是仓皇逃离战场。约翰二世坚持战斗,没有逃脱,最后与自己的小儿子腓力一起被俘。在波伊泽德战役中,虽然让·德·克莱蒙元帅、波旁公爵皮埃尔一世与其他贵族战死,但战斗的惨烈程度远不及克雷西战役。不过,被英军俘虏的法兰西贵族人数令人震惊:除了法王约翰二世及腓力王子,十四位伯爵及一千九百名骑士被迫投降。事实上,俘虏人数众多,英军不愿再浪费兵力看管他们。大多数俘虏在承诺用赎金换自由后都被释放了。

法王约翰二世被俘注定会带来深远的政治影响。国不可一日无君,约翰二世被囚禁在伦敦后,法兰西国内一片大乱。王太子查理虽然临时摄政,但毫无威望。巴黎的暴民发动了一场骚乱,王太子查理亲眼目睹了诺曼底和香槟两地军队统帅惨遭杀害的场景,他自己也险些在暴乱中丧生。国王约翰二世的雇佣军领不到军饷,于是摇身一变成了土匪,在法兰西境内肆意抢夺,无恶不作。更糟糕的是,备受欺压的农民终于忍无可忍,发起了一场抵制所有权贵的无政府主义起义。在许多地区,起义的农民纵火烧毁了城堡和庄园,见到有贵族血统的人便大开杀戒。经过一番艰苦斗争后,法兰西贵族才最终平定了这场农民起义。这场充满血腥的农民暴动被称为"扎克雷起义"。"扎克雷"是法兰西贵族对农

约翰二世与小儿子腓力被俘

黑太子爱德华与被俘的约翰二世父子

民的蔑称，意为"乡巴佬"。灾难深重的法兰西此时根本无力与英格兰抗衡，英格兰人夺取了一座座原本属于法兰西的城市和城堡。简而言之，1356年到1358年是法兰西王国自9世纪维京人入侵后遭受侵略最严重的时期。

爱德华三世如果没有与被俘的约翰二世达成休战两年的协定，也许会继续征服法兰西。不过，他还是希望约翰二世能接受他提出的休战条件，真正实现和平。约翰二世渴望重获自由，自然不愿再过囚禁的生活，于是几乎答应了爱德华三世提出的所有的条件。英格兰要求法兰西割让诺曼底、安茹、曼恩、普瓦图及亨利二世两百年前占领的法兰西领土，约翰二世对如此过分的要求未表示反对，并在和约上签了字。但法兰西王太子查理和法兰西议会并不承认和约的效力。法兰西正处于劣势，用那么多领土换回一位冷漠无能的国王简直就是在做赔本买卖。除北部加来外，英格兰人并未实际占领法兰西的其他地区。因此，英格兰要求法兰西割让上述领土确实非常荒谬。

第17章

再次入侵法兰西

为了给摄政的王太子查理施加压力,爱德华三世决定再次率军入侵法兰西。爱德华三世凭借自己的军事威望吸引来了成千上万雇佣士兵,再加上驻守加来的英格兰主力部队,现在爱德华三世麾下的兵力已经是克雷西战役时兵力的两倍到三倍。据史料推测,英军当时的兵力超过了十万。当然,这一数字还是有所夸大的。1359年10月,爱德华三世率大军从加来出征,途经皮卡迪和香槟,一路杀至兰斯,并开始围城。据说,爱德华三世原本打算在兰斯大教堂宣告自己对法兰西王国的统治权,因为几百年来,法兰西历任国王都是在这里举行登基大典的。但兰斯固若金汤并未被攻破,爱德华三世只好在横扫勃艮第北部地区后,向西攻打巴黎去了。英军虽然蹂躏巴黎郊区,但由于季节和天气原因,没有对巴黎构成实质威胁。于是,爱德华三世决定率军前往肥沃的卢瓦尔河流域,打算在那里调养生息,来年夏天再围攻巴黎。王太子查理不允许法军与英军打阵地战,只让法军守好每座城池。但英军在法兰西境内的破坏实在严重,王太子查理和大臣们最终决定跟爱德华三世讲和。1360年5月8日,法兰西特使在沙特尔附近的布列塔尼和入侵者举行了和谈,签署了停战和约。百年战争第一阶段宣告结束。

爱德华三世提出的停战条件虽然没有一年前所提条件那么过分,但仍然非常苛刻。爱德华三世不再谋求法兰西王位,承认了约翰二世的国王身份,但

围攻兰斯

同时收到了丰厚的补偿。根据和约，爱德华三世获得了几乎昔日整个布列塔尼公国的领土。阿基坦（包括无地王约翰和亨利三世曾失去的领土）将不再属于法兰西，而是以自由领地的形式依附英格兰。此前，爱德华三世已经占领了吉耶纳和加斯科涅，获得了富瓦和阿马尼亚克两地的伯爵身份。现在，他的领地又新增了普瓦图、欧尼斯、圣通日、昂古莫瓦、利穆赞、佩里戈德、凯尔西和鲁埃格。除此之外，他还继承了卡斯蒂尔的埃莉诺在北庞蒂厄的土地，加来边上的小城吉斯内斯也落入了他的囊中。约翰二世还将支付给他一笔三百万金克朗的赎金，先期支付六十万，其余部分于六年内分期付清。而布列塔尼爵位继承问题则将通过第三方仲裁解决。

对法兰西人来说，接受这份和约也许不失为明智之举。他们应该不惜代价换取和平。只有这样，他们的王国才能避免在无政府主义的泥潭中走向灭亡。而对爱德华三世来说，如果他的主张不是那么过分，未来情况就不可能太糟糕。然而，他一味贪大求全，虽然从法兰西获得了众多领地，但这些领地上的数百万人并不愿向他俯首称臣，他们一有机会便会发动叛乱。能够统治基耶纳爱德华三世就该感到满足的，因为那里的多数城镇和贵族已经深受金雀花王朝的影响。然而，随着领地的增多，爱德华三世对法兰西南部地区的控制非但没有加强，反倒削弱了。因此，该和约为英格兰的未来埋下了隐患。不过，就

爱德华三世与其子黑太子爱德华

目前情况而言，和约还是具有积极意义的，至少结束了从1336年延续至1360年的战争。

苏格兰战争也已经结束，目前的局势应该令英格兰感到满意了。爱德华·巴利奥尔没有儿子。1356年，他将苏格兰王位让给了爱德华三世。1357年10月，爱德华三世承认了其阶下囚——大卫二世——的苏格兰国王身份，并将其放回苏格兰，条件是大卫二世需向他支付十万马克的赎金，分十年付清。争议已久的贝里克仍由英格兰人控制，但爱德华·巴利奥尔1333年提出的东部低地归属问题并未得到解决。总体而言，与签署《布列塔尼和约》相比，爱德华三世跟苏格兰签署和约时表现得更有政治家风范。一方面，在经历漫长的苦难后，苏格兰获得了难得的喘息之机，在接下来近三十年的时间里再没有与英格兰爆发战争。虽然两国的轻骑兵在边境上偶尔会有冲突，但并未造成严重的后果。另一方面，爱德华三世再与法兰西交战时就可以摆脱遭受苏格兰人袭击的后顾之忧。不过，自爱德华一世入侵苏格兰后，两国已经断断续续打了六十年的仗，13世纪两国之间的那种友好关系再也难以恢复了。

第 5 卷

从《布列塔尼和约》到英法战争再起

1360—1369

第 18 章

爱德华三世的家族政策及效果

《布列塔尼和约》的签署标志着爱德华三世的统治已经进入鼎盛时期。在接下来的十七年，虽然爱德华三世仍是英格兰的统治者，但英格兰的麻烦不断，国力就像爱德华三世的身体一样，日渐虚弱。1360年，爱德华三世已经四十八岁了，忙碌操劳的生活让他显出了衰老的迹象，而人在艰难岁月里更容易变老。爱德华三世一共生有十一个子女，其中五个儿子和三个女儿在艰难岁月中存活了下来。他希望自己的儿子都能迎娶来自名门望族的女性为妻，这样他就可以在强化王室统治的同时，尽可能地控制英格兰的贵族势力。他的长子爱德华被立为太子，也就是上文提到的黑太子爱德华。黑太子爱德华一直到三十岁才步入了婚姻殿堂，妻子是与他同龄的表妹女伯爵肯特的乔安娜[①]。女伯爵肯特的乔安娜的父亲就是遭罗杰·莫蒂默迫害的伍德斯托克的埃德蒙伯爵。当时，乔安娜是寡妇，其前夫是约翰·霍兰德爵士；她与前夫生育的两个儿子日后都成了著名的历史人物。黑太子爱德华的婚姻是自由恋爱的结果，妻子是公认的"肯特郡最美的女子"，人们对她总是充满了溢美之词。其他几位王子的婚姻基本上是爱德华三世包办的，有的甚至尚未成年就在他的安排下成了亲。二王子莱昂内尔娶的是爱尔兰乌尔斯特伯爵威廉·德·伯格的女儿伊丽莎

[①] 肯特的乔安娜（Joan of Kent, 1328—1385），肯特伯爵伍德斯托克的埃德蒙的女儿，祖父为爱德华一世，所以她既是黑太子爱德华的妻子，又是他的堂姑母。肯特的乔安娜一生有过三次婚姻，前两任丈夫分别是肯特的托马斯·霍兰德和索尔兹伯里伯爵威廉·蒙塔古。

女伯爵肯特的乔安娜

冈特的约翰

白·德·伯格。她早逝后,莱昂内尔又娶了米兰勋爵加莱亚佐·维斯康蒂的女儿尤兰德·维斯康蒂。三王子冈特的约翰十九岁时娶了兰开斯特的布兰奇。兰开斯特的布兰奇是卡德赞战役和奥贝罗切战役功臣兰开斯特的亨利的继承人,拥有兰开斯特、德比、林肯和莱斯特的广袤领地,是爱德华三世最富有的儿媳。四王子兰利的埃德蒙第一任妻子是卡斯蒂尔的伊莎贝拉,第二任妻子是其兄长的继女乔安娜·霍兰德。小王子伍德斯托克的托马斯娶了赫里福德伯爵汉弗莱·德·博洪的长女埃莉诺·博洪。几位王子还在不同时期被爱德华三世封为公爵,享尽了富贵的生活:黑太子爱德华为康沃尔公爵,莱昂内尔为克拉伦斯公爵,约翰为兰开斯特公爵,埃德蒙为约克公爵,托马斯为格洛斯特公爵。

爱德华三世的三个女儿成年后,玛丽嫁给了蒙特福特的约翰,即后来的布列塔尼公爵约翰五世,玛格丽特嫁给了彭布罗克伯爵约翰·黑斯廷斯,伊莎

兰利的埃德蒙

贝拉嫁给了英格拉姆·德·库西。英格拉姆·德·库西是爱德华三世的得力干将，先后被封为法兰西男爵、贝德福德伯爵。

爱德华三世统治时期，众多富庶的领地都集中到了儿子们的手中。在贵族势力逐步削弱的过程中，英格兰王室的权力得到了进一步巩固。不过，爱德华三世没有想到这样的安排竟然给下一任国王留下巨大的麻烦。新国王注定要面对那些叔伯及堂兄弟的挑战。他们个个实力非凡、独霸一方，可能对王位觊觎已久。爱德华三世赋予儿子们的巨大权力是后来玫瑰战争爆发的诱因之一。兰开斯特家族权力的过度扩大导致理查二世被废黜，而后来约克家族、克拉伦斯家族和莫蒂默家族的崛起又直接导致了兰开斯特王朝的覆灭。爱德华三世根

理查二世

本没有想到，虽然自己的儿子会服从和支持他这位家长，但他的孙子们不一定会效忠他长子的后人。

不过，这些潜在的危险是以后的事情。1360年的爱德华三世算得上是那个时代最成功的君主了。他英勇善战的名声传遍了整个欧洲，英格兰人以前从未在军事领域令人刮目相看，但爱德华三世的作战方式竟一度成了西方基督教国家作战方式的典范。跟随他南征北战的约翰·钱多斯爵士、罗伯特·诺尔斯、沃尔特·曼尼、威廉·费尔顿与加斯科涅的让·德·格里利都是当时如雷贯耳的骁勇战将。约翰·霍克伍德因作战英勇而被封为爵士，后来成了雇佣军

约翰·钱多斯爵士

约翰·霍克伍德

指挥官,他曾率领著名的白色军团①为意大利的多个宗教派系服务,成了平衡亚平宁半岛势力的一支重要力量。在战场上,英格兰人能屡屡保持优势,这说明步兵已成为决定战争胜负的主要因素,改变了过去五百多年来欧洲主要靠骑兵获胜的战术。这一新的作战方式首先在达普林山战役和哈里顿山战役中取得了胜利。骑兵下马作战,成了阻击法军进攻的中心,而他们两侧的弓箭手更令法军胆寒。这种战术原本是用来对付苏格兰长矛兵的,爱德华三世后来用该战术对付法兰西骑兵,让法兰西骑兵吃尽了苦头。英格兰人在克雷西和波伊泽德

---

① 白色军团是14世纪一支活跃于意大利的雇佣步兵,1361年到1365年由德意志人阿尔伯特·斯特兹率领,1365年英格兰人约翰·霍克伍德成为军团首领,率军服务于意大利的多个教派。

会战中所用的战术影响深远，改变了整个西欧的传统作战方式，法兰西人、德意志人和意大利人纷纷效仿起了英格兰人这种变骑兵为步兵的作战方式。14世纪的另一项军事发明——火炮——也颠覆了传统的作战方式。爱德华三世统治的前十年，战场上已开始使用火炮，后来随着性能的慢慢改进，火炮在战场上的使用逐渐普及。虽然当时的火炮口径小，发射不太方便，但这种新型武器对城堡的威力就像弓箭手对骑兵的威力一样。在火炮的轰炸下，原来坚不可摧的城池可能会轰然倒塌。爱德华三世是英格兰唯一拥有炮兵的人，这就让他在与那些不愿臣服的贵族打交道时底气十足。造反者再也无法躲在城墙后数月如一日地坚持了，让他们害怕的不仅有饥饿，而且有火炮。不过，火炮的威力是在爱德华三世统治末期才逐渐被人们发现并运用的。15世纪，火炮已广泛运用到了欧洲的战场上，成了摧毁封建制度的巨大推手。

第 19 章

发展商业与黑死病对贸易的影响

爱德华三世一方面不断提升英格兰军事实力，另一方面不遗余力地发展英格兰的商业贸易。事实上，爱德华三世的主要目的不是提升英格兰的军事实力。在加强与佛兰德斯的贸易往来时，他主要考虑的是与佛兰德斯人保持密切的联系，从而占据政治上的主动，最终从增加的进出口商品税中获取源源不断的利润。毫无疑问，与尼德兰人和德意志人联盟后，英格兰商业取得了空前的发展，贸易额也节节攀升。随着英格兰贸易的迅猛发展，爱德华三世成了英格兰历史上第一位将金币引入国家货币体系的国王[1]。在他之前的朝代，英格兰最大的货币单位一直是银便士。但爱德华三世成功说服臣民，发行了更大面值的金币，史称"玫瑰金币"，一枚金币可兑换八十便士。这种金币被臣民广泛接受，在尼德兰和西德意志也能自由流通，就连许多低地国家也开始发行类型相同和大小相等的金币。

英格兰货币在国外的流通表明，从爱德华三世统治时期开始，英格兰商人已经不再满足于在国内港口接收外国商船运来的货物，而是已经开始走出国门做贸易了。14世纪之前，英格兰的进口商品大部分都由意大利商人或汉萨同盟商人从海外转运而来。爱德华三世审时度势，鼓励英格兰商人主动走出去，

---

[1] 亨利三世就曾试图将价值为20银便士的"金便士"引入英格兰的货币体系，但英格兰民众并未接受，认为货币流通中根本没必要有这么高面值的货币单位，后来亨利三世的计划最终搁浅。——原注

进口商品回来，这样就可以摆脱中间商收取的高额运费。为了与强大的外国贸易组织竞争，英格兰的本土商人成立了主要商品贸易联合中心，我们在前文中对这一机构已经有过介绍。一般来说，虽然行业垄断对行业的发展是有害的，但在特殊的历史时期，英格兰商人需要联合起来共同壮大实力，因为单个商人凭一己之力根本无法与已经占领市场的外国公司抗衡。14世纪末，英格兰的海上贸易只做到了里斯本和汉堡，尚未深入地中海地区，波罗的海地区的贸易则几乎完全被汉萨同盟垄断。这种情况从杰弗里·乔叟①的代表作《海员》中可

杰弗里·乔叟

---

① 杰弗里·乔叟（Geoffrey Chaucer, 1340—1400），英格兰小说家、诗人。他曾是爱德华三世的侍从，1359年随爱德华三世远征法兰西时，被法军俘虏。1360年，爱德华三世以黄金将其赎回。

见一斑。他写道:"英格兰海员对从西班牙西北海岸到瑞典海岸所有的避风港无一不知。"

除了商业贸易,英格兰的制造业也取得了巨大发展。从前,英格兰的优质羊毛都是出口到尼德兰制成毛纺织品后出售的。爱德华三世一生中最明智的商业决策就是把佛兰德斯的纺织工请到了诺维奇,让他们在羊毛产地直接加工毛纺织品。1337年,为保护本国的毛纺织业,英格兰颁布了法令,要求王室以外的人只可穿戴本国的毛纺品。14世纪初,英格兰引进了纺织工艺,金属锻造工艺水平有了大幅提高,玻璃在国内建筑中的使用开始普及。

黑死病对贸易和物价的影响是比较明显的。黑死病过后,虽然英格兰政府出台了《劳动者法规》,但农业从业人员的工资还是不断上涨,所有工业制品的价格跟着上涨,一直居高不下。虽然谷物及粮食产品的价格保持在原来的水平,牛羊的价格也只是略微涨了一点,但由熟练劳动力生产的所有产品的价格普遍比黑死病爆发前提高了百分之四十至百分之六十。当然,这是因为瘟疫过后,手工业从业人数骤减,幸存者因此可以将自己的产品卖出更高的价钱。因为食品的价格与以前一样,所以劳动阶层就能够买到质量更好、数量更多的食品了,人们的生活水平也有了显著提高。商人虽然得付给商品生产者更高的工资,但他们销售商品的价格也在上涨,所以最终也会获得相同甚至更高的利润。农场主的日子则要比黑死病爆发之前难过了许多,劳动力成本在不断上涨,但农产品价格却仍然维持在五十年前的水平。因此,农场主不得不对自己的土地做出两种不同方式的处置:一是放弃在管家打理下自己雇佣农民进行耕种的传统做法,而是把土地全部出租给佃户去耕种;二是将所有耕地变为牧场,因为羊毛是英格兰当时的主要商品,养羊比种植任何粮食作物能获得更大的利润。这种土地使用方式的改变在爱德华三世统治时期才刚刚兴起,要使一个保守的民族完全改变自己的生活和农牧业方式还需要经历许多年的时间。

黑死病造成人口大幅下降,只有经过数代发展才能恢复到原来的水平。这一点在某些地区尤其明显。英格兰南部地区和东部地区的人口下降就比西部地区严重，这也在一定程度上影响了它们的财富优势和政治地位。不过，这些地区仍然是英格兰王国最重要的组成部分。

从缔结《布列塔尼和约》到与法兰西重新开战，转眼之间九年过去了。总之，这九年是英格兰和平、繁荣发展的时期，而这种时期通常不会在一个国家的编年史中大书特书。多年来，英格兰国王与教皇的矛盾频发，最终英格兰于1365年重新颁布了《圣职授职法令》，并通过了《危害王权罪法令》。所谓的"侵犯王权罪"是指那些向阿维尼翁的教皇[①]献媚的行为。有相关行为倾向的人会先受到警告，因为他们这样做就是在蔑视国王的权力；如果屡教不改，他们还有可能被送上王室法庭接受审判。因为对触犯《危害王权罪法令》人的起诉是以"危害王权"的字眼表述的，所以该罪行便被称为"危害王权罪"。其间，英格兰还颁布了一些莫名其妙的法令。比如，中下阶层不许穿不符合身份的服装。这间接表明黑死病过后下层民众的生活质量提高了。不过，这一法令效果不佳，不久便被废除了。值得一提的是，1362年英语成了法庭的官方语言，而此前的法庭官方语言一直是诺曼法语。

---

① 1309年，由法王腓力四世支持就任教皇的法兰西人克雷芒五世拒绝前往罗马履职，而进驻当时属于神圣罗马帝国的边境小城阿维尼翁。此后的六任教皇均为法兰西人，而且至1376年9月均在阿维尼翁履职。1377年1月17日，格利高利十一世进驻罗马，结束了罗马和阿维尼翁两地教皇并存的现象。

第 20 章

纳瓦雷特战役

从外交关系上讲,英法之间签署的《布列塔尼和约》更像是临时休战协定,而非长久的和平条约。双方并未充分履行和约规定的内容。法王约翰二世没能筹集到巨额的赎金,无法兑现承诺,只得主动返回英格兰,甘愿做英格兰的人质。1364年4月8日,约翰二世客死于斯特兰德的萨伏伊宫。约翰二世驾崩

萨伏伊宫

后，王太子查理正式继位，史称"查理五世"。查理五世非常狡诈，对英格兰人指责他不履行《布列塔尼和约》的抱怨充耳不闻。不过，只顾忙着处理法兰西内乱的他无暇考虑去攻打英格兰。在科舍雷尔，查理五世大败其妹夫纳瓦拉国王恶人查理二世，并于1365年5月与其签署了和约。之后，他才彻底坐稳了法兰西国王的宝座。

科舍雷尔战役中的查理五世

布列塔尼爵位继承战争一直从1341年持续到了1364年。最后，英格兰人的盟友蒙福特的约翰在能征善战的约翰·钱多斯爵士率领的英格兰骑士团帮助下，在1364年9月29日的奥雷战役中杀死了其竞争对手布卢瓦的查理，最终赢得了布列塔尼公国的爵位。

不过，另一场战争的结果让英格兰人无法开心起来。1362年，爱德华三世将黑太子爱德华封为阿基坦公爵后，黑太子爱德华便一直以独立亲王的身份统治这块领地。一天，黑太子爱德华在波尔多的宫廷里接待了一位遭到驱逐的西班牙王子——卡斯蒂尔国王佩德罗。这位被臣民称为"恶人佩德罗"的国王生性暴虐，杀人无数，其中就包括自己的妻子和同父异母的兄弟。他的残暴引发了卡斯蒂尔臣民的反抗，起义军的首领是他同父异母的兄长特拉斯塔马拉伯爵亨利二世。特拉斯塔马拉伯爵亨利二世的军队中有一支法兰西雇佣军，由大名鼎鼎的"布列塔尼之鹰"贝特朗·杜·盖斯克林率领。在盟友的帮助下，特拉斯塔马拉伯爵亨利二世不费吹灰之力就把恶人佩德罗赶出了卡斯蒂尔，他自己则于1366年登上了卡斯蒂尔国王的宝座。流亡到波尔多的恶人佩德罗警告黑太子爱德华说，如果他对特拉斯塔马拉伯爵亨利二世控制邻近的卡斯蒂尔一事坐视不管，那么他在阿基坦的处境将会十分危险。恶人佩德罗还说，如果黑太子爱德华肯帮他恢复王位的话，那么所有战争费用都由他来承担。为了表明自己结盟的决心，恶人佩德罗还把自己的两个女儿康斯坦丝和伊莎贝尔留给黑太子爱德华当人质。犹豫了一段时间后，黑太子爱德华决定帮助流亡国王恶人佩德罗。这一决定虽然渗透着一定的政治目的，但更多源自一种侠义情怀。黑太子爱德华不肯拒绝别人的请求。当然，好战的本性也让他想再创波伊泽德战役和温切尔西战役那样的辉煌。

黑太子爱德华接受了恶人佩德罗的提议，要求阿基坦的所有贵族都行动起来，为来年春天发起的西班牙战争做准备。冈特的约翰率领一小支部队从英格兰赶了过来，但大军主要还是由加斯科涅贵族和从四面八方投奔黑太子爱德华的那些久经沙场的雇佣兵组成的。在欧洲战场上，黑太子爱德华的声望极高，慕名而来的士兵多得超乎想象。黑太子爱德华挑选了一批优秀的骑兵后，

奥雷战役

布卢瓦的查理被杀

谢绝了数千名士兵。因此，黑太子爱德华军队充斥着精兵强将，其战斗力远超卡斯蒂尔军队。

黑太子爱德华从龙塞斯瓦列斯关越过了比利牛斯山脉。龙塞斯瓦列斯关是历史上和史诗中都非常有名的地方。778年，查理曼大帝曾在这里吃过败仗。传奇史诗《罗兰之歌》中的英雄罗兰伯爵在这里战死。恶人查理二世给英军行了方便，英军畅通无阻，过了纳瓦拉王国。在到达可以俯视维特多利亚的山顶上时，英军才遇到了真正的敌人。四百五十年后的威灵顿公爵阿瑟·韦

罗兰伯爵战死

尔斯利正是在这里击败了法军，成了伊比利亚半岛战争的赢家。特拉斯塔马拉伯爵亨利二世及法兰西盟友已经组织了一支大军，扼守着阿拉瓦境内的各个山口。但黑太子爱德华采取了灵活战术，绕到法军的侧翼，渡过埃布罗河，进入了卡斯蒂尔王国。卡斯蒂尔军队匆忙赶了回来，截断了英军前往王国首都布尔戈斯的道路。1367年4月3日，两军在纳杰拉和纳瓦雷特之间的平原上交上了手。胜负毫无悬念：卡斯蒂尔军队虽然人数多，但武器落后；虽然擅长散兵作战，但不习惯与有弓箭手在侧翼保护的重骑兵展开阵地战。特拉斯塔马拉伯爵亨利二世的大军主要由手握盾牌和标枪的轻骑兵组成，在英军弓箭手致命的箭雨中坚持了不久便四散而逃。法兰西盟军则被英军团团围住，战死的战死，被俘的被俘，无一逃脱。特拉斯塔马拉伯爵亨利二世虽然极力阻止士兵逃命，但回天乏术，无奈之下匆忙逃回了法兰西。

恶人佩德罗就这样复辟了。他下令处死所有俘虏，以庆祝战斗的胜利。不过，这一行为令具有骑士精神的英格兰盟友不齿。黑太子爱德华陪着恶人佩德罗一直进入布尔戈斯，帮他重新登上了王位。但不久，他们之间便出现了矛盾。恶人佩德罗既没有能力也不愿承担黑太子爱德华的巨额战争开销。英格兰军队整个夏天只好驻扎在布尔戈斯附近。士兵们缺衣少食，忍受高温，吃尽了苦头。军营中随后爆发了瘟疫，黑太子爱德华本人也因高烧而病倒了。这时，恶人佩德罗躲到了安达卢西亚，只给黑太子爱德华寄来了几封闪烁其词的信，而不是他急需的钱款。最后，无奈的黑太子爱德华率军返回了阿基坦，任令人唾弃的无耻之徒恶人佩德罗自生自灭。残暴成性的恶人佩德罗积习难改，不久便激起了臣民的第二次起义。特拉斯塔马拉伯爵亨利二世卷土重来，在战斗中击败了恶人佩德罗。将他俘虏不久后，特拉斯塔马拉伯爵亨利二世便处死了他。1369年3月，卡斯蒂尔王位争夺战争宣告结束。

纳瓦雷特大捷的唯一结果就是：对英格兰无情无义的恶人佩德罗坐上了卡斯蒂尔国王的宝座，而阿基坦公国因帮助恶人佩德罗复辟而欠下了巨额的债务。黑太子爱德华为偿还债务，不仅变卖了自己的一件宝物——银盘，而且把从法兰西俘虏和卡斯蒂尔俘虏那里收取的赎金全部发给了部下。剩下的亏空他

英军与卡斯蒂尔军在纳瓦雷特遭遇

纳瓦雷特战役

准备摊派给自己的臣民。他提议向阿基坦的每户人家征收一法郎的炉火税,结果遭到了臣民的强烈反对。普瓦特万及其他新并入阿基坦公国的附属地区尤其不满,带头表示反对。阿基坦的庄园主们也不同意征收这样的税。当黑太子爱德华坚持要推行征税计划时,以阿尔布雷勋爵阿诺·阿曼纽厄和阿马尼亚克勋爵约翰四世为首的贵族们威胁道,他们会向巴黎的法兰西国王求助。其实,这是违背《布列塔尼和约》的。《布列塔尼和约》已经写明,阿基坦是一个不依赖法兰西王室的自由公国。因此,加斯科涅贵族无权让查理五世插手此事。不过,合法与否并不重要,重要的是查理五世是否能从父亲和祖父不幸经历的阴影中走出来,敢和英格兰再打一仗。

最终,法王查理五世决定放手一搏。平定纳瓦拉国王恶人查理二世叛乱后的五年时间,法兰西的局势已经稳定下来。查理五世非常清楚,黑太子爱德华在阿基坦半数以上的臣民已经准备造反,投靠法兰西。一番审时度势后,查理五世寄给黑太子爱德华一封信,要求他来巴黎解释他对法兰西南方贵族所犯的罪行。这一荒谬的要求遭到黑太子爱德华的断然拒绝。于是,查理五世便开始为军事行动做起了准备。据说,1369年4月29日,查理五世并未按惯例派传令官下战书,而是派了一名大厨去下战书,以示对黑太子爱德华的蔑视。

第 6 卷

从阿基坦被占领到威克里夫派崛起

1369—1377

第21章
攻占利摩日与兵败拉罗谢尔

与法兰西爆发战争的那一刻起，英格兰就陷入了灾难的泥潭。英格兰人还没有搞清楚查理五世的计划，就有消息传来说，地处偏远的庞蒂厄已经被法军占领了，阿贝维尔及其他小镇和城堡也纷纷向查理五世投降。阿基坦的状况也好不到哪里去：普瓦图、佩里戈德和鲁埃格的许多贵族不再效忠黑太子爱德华，而是纷纷拿起武器，转投到了查理五世的麾下。

在接下来的战争中，英格兰军队已经丧失了之前在战场上无往不胜的气势，因为爱德华三世再也不能亲临战场指挥了。他虽然只有五十八岁，但当时已经身心俱疲。他本应该把权力移交给年近四十、正值壮年的黑太子爱德华，但黑太子爱德华的身体始终没有从远征卡斯蒂尔时所患疾病中彻底恢复过来。他的余生一直都处在一种病病恹恹的状态中。每当想有一番大作为时，疾病便会发作，于是他只好躺回病床上。战争的头两年，他还试图继续指挥英军作战，但他的精神和体力已经大不如前，英军的整体表现乏善可陈。1370年，黑太子爱德华被迫从指挥岗位上退了下来，将指挥英格兰军队作战的主要任务交给了他的弟弟冈特的约翰。虽然冈特的约翰野心勃勃，但他的能力实在有限。此外，他树敌过多，不像爱德华三世和黑太子爱德华那样能使将士们心悦诚服。

只要黑太子爱德华的宫廷还在波尔多，英格兰人就会继续捍卫阿基坦公国的独立与安全。1369年12月31日，黑太子爱德华的得力战将约翰·钱多斯爵士死于普瓦图的一次小规模战斗中。此后，英格兰军队的战绩便每况愈下。1370年，法兰西军队攻入阿基坦公国的腹地，夺取了阿让奈重镇艾吉永，接着攻向利摩日。利摩日的居民很快打开城门投降了。为了夺回利摩日，黑太子爱德华披挂上阵，亲自督战。不过，这时他已经无法骑战马，只能躺在担架上指挥英军作战。1370年10月，虽然法军顽强防守，但英军还是用炸药攻破城墙，杀入了城内。面对投降法军的利摩日居民，黑太子爱德华勃然大怒，命令英军

利摩日大屠杀

大开杀戒。黑太子爱德华的一世英名因此留下了污点。三个月后，健康状况急转直下的他乘船返回了英格兰，准备等待死神的召唤。不过，他躺在伯坎普斯特德城堡里，居然又活了五年多。其间，他既不能参战也不能理政，形同废人，其境遇实在令人唏嘘不已。

黑太子爱德华薨后，英格兰人逐渐失去了法兰西的领地。阿基坦正在被法兰西人慢慢蚕食，虽然英格兰从加来派出两支远征军深入法兰西腹地，分散法兰西军队的注意力，但这招并未奏效。查理五世严禁北方贵族出城迎战，只需紧闭城门，任由英军从城门前通过。这种保守的战术极其有效，冈特的约翰和罗伯特·诺尔斯爵士虽然分别于1369年和1370年深入皮卡迪地区，但均未取得什么战果。他们不愿发动围城战，但无法引诱法兰西军队打阵地战。

1372年，英格兰想竭力保住阿基坦领地。议会向国王爱德华三世拨付了五万英镑，同意他组建一支陆军和海军舰队。在爱德华三世的女婿彭布罗克伯爵约翰·黑斯廷斯的率领下，这支军队开赴法兰西战场。英军安全渡过比斯开湾，准备向拉罗谢尔港发动进攻。这时，英军发现一支庞大的凯斯第二舰队挡住了去路。守候在那里的是特拉斯塔马拉伯爵亨利二世。当初，在纳瓦雷特战役中，他大败而逃，现在要一雪前耻。此外，特拉斯塔马拉伯爵亨利二世与英格兰人开战还有另一个理由——冈特的约翰和弟弟兰利的埃德蒙于1371年到1372年那个冬天分别娶了恶人佩德罗的两个女儿康斯坦丝和伊莎贝拉。自1367年恶人佩德罗失约后，康斯坦丝和伊莎贝拉就一直被黑太子爱德华留在波尔多当人质。冈特的约翰娶了康斯坦丝后，成了卡斯蒂尔名正言顺的国王。特拉斯塔马拉伯爵亨利二世对此极其不满，于是调集了所有战舰，供法兰西在与英格兰作战时使用。1372年6月22日，拉罗谢尔港爆发了一场激烈的海战，结果英军大败。英格兰许多轻型战舰被卡斯蒂尔大型战舰上不断抛下的巨石和铁块击沉，主将彭布罗克伯爵约翰·黑斯廷斯和几十名骑士被俘。

英格兰援军已经被击溃，守卫阿基坦的重任便完全落在了十六年前在波伊泽德战役中表现英勇的加斯科涅男爵让·德·格里利的肩上。他虽然作战勇猛，但无法阻挡法兰西人潮水般的进攻。他的兵力实在有限，而本就不愿效忠

拉罗谢尔战役

拉罗谢尔战役中英法两军激烈厮杀

黑太子爱德华的臣民袖手旁观。波伊泽德、尼奥尔和拉罗谢尔纷纷失陷。随着臣民的投诚，几乎整个普瓦图、圣通日和昂古莫瓦都已被法兰西占领。最后，法军在苏比斯附近发起的一次奇袭中，让·德·格里利被俘。就这样，英格兰维持对加伦河以北领地统治的希望也化为了泡影。与此同时，英格兰国王的忠实盟友布列塔尼公爵约翰五世失去了大部分领地，而入侵布列塔尼的法军统帅居然是布列塔尼人伯特兰·杜·格斯林。

第 22 章

冈特的约翰重掌大权

1373年，英格兰背水一战，试图扭转战局。冈特的约翰率领三千名重骑兵和六千名弓箭手越过海峡来到加来。一支从尼德兰和德意志征募的雇佣大军与他会合。令人吃惊的是，为了与法军决战，英军还征募了三百名苏格兰长矛骑兵。英军的阵容不可谓不豪华，但可惜的是指挥官领导无方，作战行动总是出现方向性错误。英军本该从波尔多出发，先歼灭佩里戈德和圣通日的法军。然而，英军杀向了法兰西北方地区，一路焚毁村庄，践踏农田。1369年和1370年的经验已经表明，这种行动根本无法刺激法王查理五世，即使看到臣民的粮仓和房屋已经火光冲天，查理五世既不会做出草率出兵的决定，也不会轻易与英军打阵地战。冈特的约翰率英军穿越皮卡迪和香槟，直抵卢瓦尔河畔。法军则不和英军正面交战，只是偶尔会消灭掉队的英军士兵。英军行至贝里，在前往波尔多的路上继续破坏农田和村庄。秋天已经降临，在奥弗涅崎岖山路中行进，英军的粮草没有跟上，战马几乎都饿死了。许多士兵因寒冷和过劳而丢掉了性命。衣衫褴褛、食不果腹的英军最终抵达了波尔多，但除了给法兰西中部的农民造成了难以名状的痛苦，一无所获。英军没能诱使法军出城应战，结果阿基坦北方的城镇一个也没能收复。1374年4月，冈特的约翰已经无力养活剩余的将士。在解散部队后，他灰溜溜地返回了英格兰。

因冈特的约翰指挥无方，英格兰远征军以失败告终，吉耶纳和加斯科涅的大部分土地沦陷了。臣民们认为，既然爱德华三世最重要的领地已沦陷，他们再坚持抵抗已经毫无意义，注定会遭遇失败。加伦河和多尔多涅河沿岸的城镇几乎没有抵抗便接二连三向法兰西人投降了。1374年底，爱德华三世控制的海外领地就只剩下波尔多和巴约纳及连接两城的狭窄的加斯科涅沿海地带了。这两座港口城市没有向法兰西投降的主要原因是其贸易利益与英格兰密切相关。居民们很清楚，他们在英格兰统治下比在查理五世统治下能获得更多实惠。此外，两百年前自英王亨利二世迎娶阿基坦的埃莉诺①后，他们就一直效忠金雀花王朝，而与瓦卢瓦王朝没有任何历史关联或情感关联。

考虑到英格兰在阿基坦统治的现状，爱德华三世能在1375年6月与查理五世达成休战协定应该算是幸运的。原定的休战期为一年，但到了1376年6月，

阿基坦的埃莉诺

---

① 阿基坦的埃莉诺（Eleanor of Aquitaine, 1121—1204），先后做过法兰西国王路易七世和英格兰国王亨利二世的王后，英格兰国王理查一世（狮心王）和约翰（失地王）的母亲。

该休战协定又顺延了一年。因此,在爱德华三世统治的最后两年,英法两国实际上一直处于休战期。

阿基坦逐渐被法兰西蚕食的五年是英格兰宪政史上具有重要意义的五年。五年来,由于对英格兰在战争中的糟糕表现非常不满,英格兰议会内部一直进行着激烈的斗争。斗争的第一个标志就是1371年罢免国王任命的政府大臣事件。人们很容易就会把法兰西人的成功归于爱德华三世任命的政府大臣执政无能。受到严厉指责的大臣中有两位主教:总理大臣温彻斯特主教怀克姆的威廉和财政大臣埃克塞特主教布兰廷汉姆的托马斯。事实上,这两位大臣都才华出众,廉洁公正。温彻斯特主教怀克姆的威廉因在建筑方面的杰出才华而得到爱德华三世的赏识。事实证明了他确实是一位诚实能干的政治家。他还是第一所公学温彻斯特学院及后来的牛津新学院的创始人。因此,他享有盛誉。把阿基坦

温彻斯特主教怀克姆的威廉

第22章 冈特的约翰重掌大权 | 145

沦陷的责任都推给总理大臣温彻斯特主教怀克姆的威廉和财政大臣埃克塞特主教布兰廷汉姆的托马斯是极不公平的,军事指挥失当才是阿基坦沦陷真正的原因。首先,英军缺乏一位英明的指挥官;其次,进攻法兰西北方是不明智的,人力和财力浪费巨大。然而,议会认为阿基坦沦陷是两位神职大臣不称职造成的结果,要求爱德华三世用俗职官员取代他们。爱德华三世做出了让步,任命罗伯特·索普爵士为新的总理大臣,任命冈特的约翰的亲信理查德·斯克鲁普爵士为新的财政大臣。

不过,与上届政府相比,新一届政府面临的问题更复杂。现在,英格兰的实际统治者是冈特的约翰,他的兄长黑太子爱德华卧病在床,父亲爱德华三世则年老昏聩,均无法担当治国理政重任。1369年,忠贞聪颖的王后埃诺的菲利帕薨后不久,爱德华三世就迷上了喜欢投机钻营的爱丽丝·佩雷斯夫人。爱丽丝·佩雷斯夫人凭借爱德华三世的宠爱,频频插手朝政。那些想加官进爵的人纷纷向她行贿。爱丽丝·佩雷斯甚至千方百计地干预司法公正,对法官不是恐吓就是贿赂。冈特的约翰对此视而不见,任由父亲爱德华三世受爱丽丝·佩雷斯摆布,自己只负责外交事务。因此,1373年到1375年,英格兰朝廷腐败的责任应该由冈特的约翰承担。吉耶纳失守后,冈特的约翰因浪费财力、贻误战机及失地等问题遭到了议会弹劾。

1376年的议会会议上,议员们过去三年来对王室的不满暴风骤雨般地发泄在了冈特的约翰身上。议员们不仅指控他平庸无能——这是事实,而且指控他密谋篡夺王位,想在爱德华三世驾崩后,从身染重疾的黑太子爱德华及他九岁的王子理查手中夺取王位——这一说法缺乏证据。甚至有传言说,他曾密令亲信毒死小王子理查。但冈特的约翰身居高位,议会无法公开抨击他,只能抨击他的亲信与同党。下议院议长彼得·德拉马公开宣布,议会准备帮助国王摆脱困境,但首先需要清除国王身边发国难财的三个人:宫内大臣拉蒂默勋爵威廉、财政总管理查德·里昂和国王宠爱的女人爱丽丝·佩雷斯。宫内大臣拉蒂默勋爵威廉与财政总管理查德·里昂犯有严重的欺诈罪。他们以半价或更低的价格从穷人手里收购国债,但按照全额从国库里兑现,中间的差价就落入了自己的腰包。一次，他们给国王筹集了两万马克——约合一万三千三百三十三英镑——的借款，但从国库取钱偿还债务时变成了两万英镑。拉蒂默勋爵威廉还向英格兰的忠实盟友布列塔尼公爵约翰五世勒索了巨额的贿赂，然后又背信弃义，将圣索弗尔城堡和贝舍雷尔城堡卖给了法兰西人。最终，拉蒂默勋爵威廉和理查德·里昂被下议院正式指控犯有重罪。经贵族议院审判后，他们被免去了官职，并被处以罚款和监禁。几名从犯也受到了相应的惩罚。爱丽丝·佩雷斯则因干涉司法公正的违法行为而遭到了流放。她还被迫发誓永远不再回到爱德华三世身边。不过，不久她便违背了这一誓言。

1376年6月8日，审判进行期间，黑太子爱德华薨逝。议会要求爱德华三世立即确认其孙子理查为法定王位继承人，并组建摄政常务委员会。爱德华三世本人已经无力再理朝政，但他觉得必须防止冈特的约翰将王权握在个人手中。因此，他同意议会提名九人担任摄政常务委员会成员，但其中至少要有四名是他的亲信。同时，爱德华三世承诺会积极考虑下议院向他提出的一百四十份请愿书中列举的种种行政诉求。其中两项诉求最重要：其一，议会会议应该每年召开一次；其二，郡县行政长官和其他王室官员不得干涉各郡县的议员选举，应该始终允许那些作为英格兰议会议员的"各地翘楚们"享有家乡议员选举权及被选举权。

1376年7月6日，议会解散，议员们天真地认为，冈特的约翰的权力已经受到了制约，未来国家的治理会好转。然而，议会刚刚解散，冈特的约翰便采取了报复行为，发动了一场政变。他控制住了老糊涂的爱德华三世，并以老国王的名义宣布，本届议会通过的所有决议无效。随后，他将下议院议长彼得·德拉马投入了大牢，解散了新组建的九人摄政常务委员会，释放了理查德·里昂及其他被定罪的犯人。爱丽丝·佩雷斯也悄悄重返王宫。

随后，冈特的约翰开始组织新的议会议员选举。1377年1月，他利用王权有恃无恐地威胁和恐吓选民，让自己绝大多数的支持者都当选为议会议员。1377年是爱德华三世统治英格兰第五十个年头，作为五十周年庆典的一部分，英格兰政府宣布要大赦一批罪责较轻的囚犯和债务人。然而，排在大赦名单前列的竟然有拉蒂默勋爵威廉和理查德·里昂及他们的亲信，一年前对他们的罚款、监禁等惩罚均被免予执行。

这些视人而定的大赦行为实在令人可耻，终将导致内乱。如果反对冈特的约翰及朝廷的宪政派是由像西蒙·德·蒙特福特男爵这样的人领导，或者像爱德华一世统治时期的那些伯爵领导，那么冈特的约翰的权力就可能会被剥夺。但事实上宪政派最著名的的两位领导人，一位是热爱和平、谨小慎微的温彻斯特主教怀克姆的威廉，另一位是思想温和、年纪轻轻的马奇伯爵埃德蒙·德·莫蒂默。起初，宪政派并未公开反对冈特的约翰，即便他因一年前拉蒂默勋爵威廉和理查德·里昂案而对温彻斯特主教怀克姆的威廉进行过打击报复，甚至诬蔑温彻斯特主教怀克姆的威廉贪污公款。

虽然冈特的约翰政治眼光短浅，但他明白一个道理，要是不能争取到臣民的同情，他的权力可能很快被剥夺。目前，英格兰与法兰西还处于休战期，所以他无法通过发动战争，用同仇敌忾的方式与臣民拉近距离，但他认为可以利用当前强烈的民意来巩固自己的地位。

第 23 章

爱德华三世驾崩

这种民意就是强烈的反教皇情绪。臣民的这种情绪像《圣职授职法》通过时一样强烈。阿维尼翁的教皇的恶行越来越严重，其所提各种无耻要求和盘剥勒索已经令英格兰所有爱国人士忍无可忍。不过，相当多的神职人员还是一如既往地认为要和教皇站在一起。因此，英格兰教会权力滥用的丑闻有增无减。长期以来，主教们并不关心自己教区的事务，但对战争事务和外交事务充满了热情。到了14世纪，主教的职位数量史无前例地多了起来，因为贵族们开始将自己年幼的儿子都安置到了教会，希望他们能获得神职。几百年前，这种情况还不多见，但在14世纪，这种情况非常普遍。1348年到1400年，坎特伯雷七任大主教中就有三任是贵族的子嗣或兄弟。正是因为这种变化，真正致力于教区事业的主教并不多见。在带薪神职人员中，不少人的神职是花钱买来的，而他们不仅不在教区居住，而且过着无比奢靡的生活。修道院中的情况更糟。据说，修士们的宗教热情和修养都比不上世俗牧师。黑死病结束后，在仓促补充的神职人员中，许多不合格。这拉低了神职人员的整体道德水平。然而，教会比以往任何时候都富裕。人们发现，英格兰王国三分之一的土地和财富都集中到了神职人员手中。虽然神职人员在国家需要时总能慷慨解囊，但有人指出，他们的土地是免税的，所以就应该贡献国库收入的更大份额。

长期以来，人们一直希望国家采取一些措施去改善英格兰教会内部的混乱状况，同时遏制教皇的侵权行为。其实，许多神职人员有同样的诉求。这其中就有主张采取激进改革措施的代表人物——英格兰经院神学家约翰·威克里夫。起初，约翰·威克里夫是以思想深邃的哲学家和神学家为世人所知，曾获牛津大学神学博士学位。在看到教会和教皇的腐败乱象后，他愤而从政，力图改变这些乱象。他认为，教会丑闻之所以频发，是因为教会拥有过多财富。教会改革的良方是让所有神职人员重返数百年前的清苦生活。他尤其反对教皇的精神统治，认为教皇是一切罪恶的根源。约翰·威克里夫作为政治家走入公众视野始于1374年。当时，他作为英格兰教会代表团的成员前往布鲁日，参加了与教皇的谈判。教皇代表团留下的邪恶印象至今令他难以忘记。他一直都在用最强烈的措辞谴责教皇凌驾于所有教会之上的精神霸权。他声称，教皇是以上帝代言人的名义扮演着耶稣基督与基督信徒之间的中间人，是对神灵的亵渎。他用人们熟悉的封建制度打比方说："所有人都是上帝的直属封臣，其精神和生活方式由自己直接负责；教皇就像上帝和封臣之间的侵入者，多余且令人讨厌。"他接着补充道，精神权威只能由正直的人掌控。如果精神统治者过着一种与基督精神相违背的生活，那么人们大可不必听从他的命令。约翰·威克里夫的言论谴责对象不仅有教皇，而且有许多英格兰教士。后来，在攻击教会掌权者时，他还对罗马教廷的一些教义表达了不满，严厉抨击了改变圣餐仪式的做法。

1377年后，约翰·威克里夫对罗马教廷的抨击没能继续下去，他因反对教皇而遭到了冈特的约翰的反对者伦敦主教威廉·考特尼的抓捕和审判。冈特的约翰对约翰·威克里夫的遭遇表示出几分同情，因为他们都想遏制教会权力过快增长的势头。不过，冈特的约翰是想实现个人的政治目的，而约翰·威克里夫则是在追求神学真理。冈特的约翰虽然没有约翰·威克里夫那样的宗教热情，但还是坚定地支持他，因为他们有共同的敌人。同时，反对罗马教廷能赢得民心。

因此，1377年2月，当约翰·威克里夫被送往圣保罗大教堂接受法庭审判时，冈特的约翰亲自赶了过来，严厉地警告了伦敦主教威廉·考特尼。结果，宗教审判会议在一片喧闹声中结束，约翰·威克里夫被判无罪释放。第二天，

约翰·威克里夫被送往圣保罗大教堂接受法庭审判

伦敦主教威廉·考特尼的死党便冲入冈特的约翰在萨伏伊的宫殿，进行大肆破坏。冈特的约翰虽然非常愤怒，但没敢进一步报复威廉·考特尼。不过，父亲爱德华三世在伦敦的某些特权被暂时取消让他很开心。

　　这样，随着宗教改革派和罗马教廷派之间的宗教斗争展开，王权派和宪政派之间的政治斗争变得更加复杂了。如果冈特的约翰手中还握有无限权力的话，还不知道英格兰接下来会出现什么意想不到的事情呢。几个月后，爱德华三世驾崩，英格兰国内的局势发生了重大转变。1377年6月2日，爱德华三世在

第 23 章 爱德华三世驾崩 | 151

谢恩宫与世长辞。在他弥留之际，身边的仆人就已卷上财物纷纷出逃了。据说，趁他昏迷时，厚颜无耻的爱丽丝·佩雷斯偷走了他手上的戒指。爱德华三世驾崩时，他供养的众多随从中只有一位可怜的牧师还在陪着他。爱德华三世一生只顾追求快活，其他一概不管，结局自然这般凄惨。只要有自私的国王，就会有冷漠无情的朝臣和不懂感恩的亲眷。

第 7 卷

理查二世早期的统治

1377—1388

第 24 章

农民起义原因及第一次农民起义

爱德华三世的孙子理查二世登基，结束了冈特的约翰一手遮天的统治。理查二世虽然只有十一岁，但前途无量。抚养年幼国王成长的威尔士王妃肯特的乔安娜及亡夫的朋友们从未和冈特的约翰拉帮结派，而是谨慎地关注着他的一举一动，这让冈特的约翰再也无法像以前那样打着爱德华三世的旗号为自己谋利了。出乎人们意料的是，冈特的约翰居然接受了这样的现实，不是抓住权力不放，而是颇具风度地与温彻斯特主教怀克姆的威廉和宪政派其他领袖达成了和解。彼得·德拉马被释放了，1377年2月发动骚乱的伦敦市民也都被赦免了。双方达成了共识，打算将过去的恩怨一笔勾销。治理国家将由联合参政会负责，联合参政会由王权派代表和宪政派代表构成。理查二世加冕后的首届议会通过了两项重要的立法决议：其一，国王成年之前，执政大臣应由上议院与下议院选出；其二，议会通过的法案只有在征得议会同意的情况下才能撤销。但三百多年来，第二项决议并未真正生效。一直到詹姆斯二世统治时期，英格兰历任国王仍然认为自己有凌驾于法律之上的权力。

尽管国内矛盾引发的危机暂时消除了，但英格兰的政治环境仍然不容乐观。1377年夏，英法两国顺延一年的休战协定已经到期，法王查理五世拒绝休战延期，"百年战争"转入了艰苦的拉锯阶段。英格兰虽然没有遭遇过像1373年到1375年那样的惨败，但也没有取得过重大的胜利，整个战局对英格兰非常不利。阿基坦的内陆地区已经落入法兰西人手中，虽然英格兰仍然控制着沿海

登上王位的理查二世

地区，力保重要城池不失，但已经无力收复其他失地，巨额的战争开销正在慢慢拖垮英格兰。1380年，理查二世的叔叔伍德斯托克的托马斯①率领一支英格兰远征军从加来登陆，经皮卡迪、香槟，渡过奥莱诺伊河，攻入了布列塔尼。这实际上就是1373年冈特的约翰率军远征法兰西的翻版。法兰西人则故伎重演，选择了闭门不战，偶尔会出城歼灭掉队的英军士兵。伍德斯托克的托马斯率英军未遇到太大困难便进至瓦纳。然而，英军舟车劳顿，未能收复布列塔尼。1345年以来就一直是英格兰忠实盟友的约翰五世最终归顺了法兰西。法兰西承认了约翰五世的公爵身份。1380年，约翰五世收回了所有领地。

---

① 伍德斯托克的托马斯（Thomas of Woodstock, 1355—1397），爱德华三世的第七子，1385年被理查二世封为格洛斯特公爵，后成了理查二世强大的对手。

远征布列塔尼不仅未取得任何战果，而且耗资巨大。英格兰政府不得已再次加税。即便如此，英格兰的将士们也已经六个月未领到军饷了。因此，总理大臣坎特伯雷大主教萨德伯里的西蒙向北安普顿议会提出了筹集十六万英镑的建议。最后，议会同意向英格兰十五岁以上的臣民征收人头税：依据贫富程度分级收取，税额从一先令到三英镑不等。

强征人头税给劳动阶层带来了巨大压力，点燃了黑死病和《劳动者法规》后人们再次对英格兰政府表达强烈不满的导火索。瓦特·泰勒起义就是征收人头税而引发的极端结果。但人头税问题只是一个诱因，并非引发这场农民运动的真正根源所在，正如1857年爆发的印度民族大起义一样，其根本原因并非是子弹润滑油的问题。英格兰爆发动乱的原因众多，不同地区各不相同。造成伦敦和其他城市民众不满的主要原因是政治性的。他们对法兰西战争带来的灾难及不断加重的赋税深感不满，认为英格兰目前的局面都是统治阶层造成的。不管统治阶层分成哪些党派，冈特的约翰都应该负最主要的责任。而在各郡县，民众不满主要与社会原因有关，最突出的是农奴制问题。前文提到过，《劳动者法规》出台后，地主和农奴的关系就疏远了起来。地主们想恢复过去的农奴制。农奴们则不愿再为地主卖命，希望能以合理的价格租到土地，自己经营。冲突由此产生。哪里的庄园主坚持实行旧制度，哪里就会导致农奴反抗。在许多地方，为了反抗地主的剥削，农奴们成立了许多秘密组织。农民暴动与这些组织的活动有很大的关系。但农奴制不是引发农民暴动的唯一原因。肯特郡虽然已经废除了农奴制，但依然出现了严重的暴乱。人们强烈反对专制的《森林法》；强烈反对推高粮食价格的市场摊位税；强烈反对律师组织，认为他们打着法律的幌子，妨碍穷人获得公平正义的机会。在圣奥尔本斯和贝里圣埃德蒙兹等地，人们对教区的神职人员强烈不满，于是暴乱发生了。佃户们希望教区修道院院长同意他们享有其他小镇佃户早已享有的特许权，但始终未能如愿。当然，过去十多年，约翰·威克里夫对神职人员的抨击尽管有所夸大，但仍然起到了推波助澜的作用。他的言行深深影响了社会底层人民的思想。他主张人们不必服从邪恶生活的精神领袖，认为过多的财富正在腐蚀教会，必须尽快开展教会去财富运动。他组建了一个"清贫教士团"，让信徒们在全国各地宣传他的教义。在这些极端狂热信徒的宣传下，他的教义事实上就演变成了无政府主义。他们谴责一切向腐败的世俗当权派或神职当权派低头的行为，宣扬贫穷才是唯一的美德，而财富则是万恶之源。在这些宣教者中，最著名的当属约翰·鲍尔牧师了。他游走于南方各地，享有很高的知名度。不过，他其实不是约翰·威克里夫的门徒。早在约翰·威克里夫声名远播之前，约翰·鲍尔就因过激的言论而屡惹麻烦。不过，约翰·鲍尔的极端思想和约翰·威克里夫的新教义不谋而合。约翰·鲍尔曾说过这样的一句话："亚当耕田夏娃织布时，哪里有所谓的贵族？"他是在强调：人生而平等，财富应该均分。但大多数参与动乱的人并不关心权利平等，只想摆脱生活中的疾苦。

1381年6月，从肯特郡到约克郡的英格兰东部各地同时爆发了起义。看上去，各地事先早有预谋。我们知道，虽然起义前约翰·鲍尔在伦敦与那些后来

约翰·鲍尔鼓励起义者

瓦工杀死欺凌女儿的税收员

领导诺福克郡和萨福克郡的起义者举行了一次会议，但起义的真正组织者到底是劳工秘密组织还是四处游走的宣教者，目前尚无定论。据说，首先发生骚乱的地方是肯特郡的达特福德，一位瓦工将一名侮辱欺凌他女儿的税收员杀死了。虽然该故事的真实性不可考，但可以肯定的是，1381年6月整个肯特郡都爆发了起义。几天后，埃塞克斯郡与英格兰东部其他各郡相继响应。

凡是起义爆发的地方，都会发生一定程度的流血冲突或财产掠夺事件。那些被杀的人主要是治安官员、律师与强行征收人头税的官员。但地方上的冲突和积怨也会演化成像伯里圣埃德蒙兹和诺威奇城堡的地方长官被害这样的案件。到处可以看到曾作威作福的领主被夺去了庄园。庄园名录和税收登记簿都被起义者翻出来烧毁了。剑桥当地居民和剑桥大学的矛盾由来已久。人们冲入大学教堂，烧毁了办学许可证和土地所有权证，并且高喊道："什么狗屁学者，统统滚蛋吧！"

几天之后，起义的烈火从乡村蔓延到了伦敦。瓦特·泰勒领导的肯特郡起义军攻占了布莱克希思，赫特福德郡的起义军占领了海布里，埃塞克斯郡的起义军占领了汉普斯特德。起义者宣称他们将继续效忠英格兰国王，起义的目的只是想赶走国王身边那些邪恶的小人。伦敦市长威廉·沃尔沃思爵士除了紧闭城门，没有其他应对办法。因为事发突然，政府还未来得及调集军队。1381年6月12日，伦敦暴民起义，打开了城门。起义军涌入城内，不是一味地掠夺财物，而是直奔冈特的约翰所在的萨伏伊宫，纵火烧毁了宫殿，屠杀了许多外国商人和一些他们怨恨至极的人。年轻的国王理查二世躲进了伦敦塔，试图和起义者谈判。起义者向理查二世提出的要求并不像预想的那样过分：他们要求获得自由，废除农奴制，取消诸多不合理的税费；他们希望摆脱奴役，变身为自由佃户，并能以每英亩四便士的价格租到土地。显然，大多数起义者并未受约翰·鲍尔及其追随者太多影响。看到起义者所提条件并非完全不可接受，年轻的理查二世同意和他们在当时还是一片空地的麦尔安德谈判。理查二世虽然只有十五岁，但表现出非凡的勇气和冷静。大多数起义者如约前往谈判地。瓦特·泰勒和约翰·鲍尔趁机率领四百多名起义者冲进伦敦塔，杀害了人头税的提出者萨德伯里的西蒙大主教。财政大臣罗伯特·海尔斯爵士和总税务官约翰·莱格也惨遭杀害。

残忍的一幕上演时，年轻的理查二世正在麦尔安德与大多数起义者谈判。经过一番讨论后，理查二世答应了他们所提的要求，并安排三十名文书立即起草章程，废除农奴制，解放所有受奴役的居民，还他们自由身。1381

年6月13日晚上，大多数起义者认为愿望已经实现，便安静地回家去了。但瓦特·泰勒仍率领数千名起义者留在了伦敦。他们中有些人是狂热的反王室分子，有些人想趁乱抢夺更多的财物。

1381年6月14日，理查二世召瓦特·泰勒及其追随者来史密斯菲尔德谈判。但已经把事情闹大的瓦特·泰勒自知性命难保，所以想继续闹下去，这样就可以避免因杀害萨德伯里的西蒙和罗伯特·海尔斯而接受法庭审判了。在与理查二世会面时，瓦特·泰勒表现得异常傲慢，对理查二世的随员极尽侮辱之能事。伦敦市长威廉·沃尔沃思爵士被彻底激怒了。他从长袍下抽出一把弯刀，一刀将瓦特·泰勒砍落马下。理查二世的一名侍卫冲上前去，结束了他的性命。起义者见瓦特·泰勒毙命，纷纷搭弓，准备放箭。命悬一线的理查二世勇敢地冲入了起义者阵中，高呼他现在就是他们的统帅，会保证他们受到公正对待。起义者对理查二世的非凡勇气十分敬佩。犹豫片刻后，他们随理查二世来到了伊斯灵顿。在一片空地上，理查二世向他们宣读了1381年6月13日曾读给起义者的章程。随后，起义者便散去了。年轻的理查二世策马回到母亲身边，骄傲地宣称，"他今天夺回了王室的土地，保全了英格兰王国"。

起义者返乡后，英格兰的骑士和贵族们带着数千名武装随从涌入了伦敦。他们对理查二世未经他们同意就将农奴解放的做法异常愤怒，指责理查二世就是在用他们的东西送人情。尽管理查二世颁发了赦免令，但肯特郡和其他各地的许多起义领导人还是被处以绞刑。这其中就包括了约翰·鲍尔和埃塞克斯郡起义领导人杰克·斯特劳。在诺福克郡，好战的主教亨利·勒·德斯潘塞用武力镇压了东部的起义军，杀害了其首领约翰·瑞威牧师。几个月后，议会投票否决了理查二世宣布的那些章程，因为未征得议会同意的章程是不具法律效力的。理查二世试图兑现自己对起义者的承诺，并试图废除农奴制，但上议院和下议院一致反对他，最终他只得向议会妥协。1382年1月，理查二世与神圣罗马帝国皇帝查理四世的女儿波希米亚的安妮①大婚。接着，理查二世宣布

---

① 波希米亚的安妮（Anne of Bohemia, 1366—1394），神圣罗马帝国皇帝查理四世的长女，理查二世第一任妻子，婚后十二年去世，与理查二世没有子嗣。

起义者烧毁萨伏伊宫

起义者杀害萨德伯里的西蒙大主教

瓦特·泰勒被杀

理查二世控制住起义者

大赦天下，这是他唯一能做到的体面之举，但起义运动的主要领导者大都早已死去。不过，这场农民起义不是没有任何意义。地主阶级经历这场运动后，心有余悸，对农民的态度开始变得温和。在接下来的一百年里，农奴制慢慢走向消亡，农民可以用租金代替劳动，成了自由佃户。由农奴制引发的怨恨逐渐消失了，再也不能成为农民叛乱的理由了。虽然15世纪发生的杰克·凯德起义和瓦特·泰勒起义在许多方面非常相似，但其目的是政治性的而非社会性的。

第 25 章

代位贵族叛乱

现在,理查二世已经十六岁了。他不仅智勇双全,而且能体恤民情。不过,他还无法真正掌权,一直遭受野心勃勃的叔叔们及堂兄弟们的摆布。他们就想让他永远待在幕后。冈特的约翰不是唯一的麻烦制造者,格洛斯特公爵伍德斯托克的托马斯更令人头疼,其人傲慢霸道,自私阴险。后来,这两位王叔之间的关系闹僵后,理查二世才获得了些许自由。1385年,冈特的约翰从英格兰消失了一段时间。娶了卡斯蒂尔的康斯坦丝后,他声称自己要继承恶人佩德罗的财产,然后带着自己的所有追随者漂洋过海,去卡斯蒂尔当国王。起初,他与女婿葡萄牙国王约翰一世联手攻占了卡斯蒂尔北方的许多城镇。但他的军队也付出了惨重代价,卡斯蒂尔人对恶人佩德罗早已痛恨至极,当然也不愿接受冈特的约翰这位后继者的统治。1389年,满脸沧桑的冈特的约翰灰溜溜地返回了英格兰。

四年过去了,理查二世已经二十岁了,终于可以亲自治理英格兰王国了。他挑选了两位重要的辅政大臣:迈克尔·德·拉·波尔和牛津伯爵罗伯特·德·维尔。迈克尔·德·拉·波尔的父亲曾是赫尔的一位富商,弃商从政后,在战场上很快便崭露头角,中年时已经成为朝廷重臣,后被封为萨福克伯爵。罗伯特·德·维尔出身名门,年龄与理查二世相仿,同时是理查二世的挚友。为了突出罗伯特·德·维尔的地位,理查二世封他为都柏林侯爵和爱尔兰公爵。除了这两位重臣,得到理查二世重用的还有他的两位同母异父的哥哥

（威尔士王妃首次婚姻所生的儿子）：肯特伯爵托马斯·霍兰德和亨廷顿伯爵约翰·霍兰德。

迈克尔·德·拉·波尔和罗伯特·德·维尔这两位国王的宠臣并不让人反感。他们中一位阅历丰富，一位系出名门，最适合担任理查二世的左膀右臂。虽然有传言说迈克尔·德·拉·波尔贪财，罗伯特·德·维尔轻浮虚荣，但那不过是政敌的一面之词。毋庸置疑，他们的治国能力比前任好很多。恶语中伤他们的大多是具有野心的忌妒小人，而不是什么爱国者。格洛斯特公爵伍德斯托克的托马斯野心勃勃，勾结了一些对理查二世不满的贵族，密谋篡权。参与密谋的贵族包括阿伦德尔伯爵理查德·菲扎兰、沃里克伯爵托马斯·德·比彻姆、诺丁汉伯爵托马斯·德·莫布雷与冈特的约翰的长子博林布鲁克的亨利。

在1386年召开的议会会议上，格洛斯特公爵伍德斯托克的托马斯及其同党攻击理查二世两位重臣，指控他们侵吞国库、对法战争指挥不力、不听内阁上议院和下议院的建议等。虽然这些指控根本就是无稽之谈，但迈克尔·德·拉·波尔还是遭到了弹劾，并被判有罪。然而，议会刚休会，理查二世就赦免了迈克尔·德·拉·波尔，并让他官复原职。

理查二世的这一做法被密谋篡权者抓住了把柄。在格洛斯特公爵伍德斯托克的托马斯的煽动下，密谋篡权者纷纷拿起武器，率领私兵向伦敦集结而来。他们未遭到任何抵抗，轻松占领了伦敦。密谋篡权者自称"代位贵族"，因为他们指控萨福克伯爵迈克尔·德·拉·波尔、牛津伯爵罗伯特·德·维尔与理查二世其他亲信大臣有罪，他们要取而代之。理查二世命令牛津伯爵罗伯特·德·维尔在英格兰西部招募了一支王党军来镇压叛乱贵族。不过，在莱赫雷德附近泰晤士河上游的拉德科特大桥上王党军被兵力明显占优势的贵族叛军包围了。战斗没有持续多久，王党军便缴械投降了。牛津伯爵罗伯特·德·维尔骑马涉水过河躲过了一劫，逃到了法兰西。不久，萨福克伯爵迈克尔·德·拉·波尔也从英格兰逃到法兰西，与牛津伯爵罗伯特·德·维尔会合。然而，大多数支持理查二世的人都留在了英格兰。他们根本没有料到"代

罗伯特·德·维尔出逃

位贵族"会那么残酷无情。为了打击理查二世的势力，格洛斯特公爵伍德斯托克的托马斯疯狂镇压王党派，最后没人再敢支持理查二世了。

1388年2月，英格兰选举产生了新一届议会议员，因为议会完全由代位贵族控制，同时下议院议员都是他们的支持者，所以本届议会史称"无情议会"。格洛斯特公爵伍德斯托克的托马斯故意对侄子理查二世表现出不可一世的态度：他拿出了当年废黜爱德华二世的文件，当着所有议员的面将内容读给理查二世听，并警告他说，议会完全有理由让他重蹈其曾祖父命运的覆辙。不过，他如果日后能选择英明之人担任其顾问团成员，就可以避免那样的命运。随后，议会又开始弹劾理查二世之前任命的重臣。萨福克伯爵迈克尔·德·拉·波尔和牛津伯爵罗伯特·德·维尔都已经逃到法兰西，约克大主教亚历山大·内维尔也背着罪名逃往海外。不过，还有一些重臣留了下来，没有离开英格兰，譬如首席大法官罗伯特·特雷西利安、黑太子爱德华的老友兼理查二世的老师西蒙·伯里爵士与前伦敦市长尼古拉·布兰博。经过一番象征性的审判后，罗伯特·特雷西利安和尼古拉·布兰博被处以绞刑，而西蒙·伯里爵士则被斩首示众。理查二世的三位著名骑士比彻姆、伯纳斯和萨利斯贝里被捕后都被处决。之后，议会投票通过了一项决议，从国库支出一笔资金，供政府运转所用。"代位贵族"不知羞耻，从中拿走了两万英镑，"以补偿他们在解决各种问题时付出的辛苦"。最后，理查二世被迫在圣保罗大教堂面对威廉·考特尼重新宣誓登基。1388年6月，加冕仪式结束后，本届"无情议会"就休会了。

第8卷

理查二世的专制统治

1388—1399

第 26 章

与法兰西缔结和约

代位贵族认为这次政变足以让理查二世永远依附他们了。其实，他们的眼睛被假象蒙蔽了。理查二世既非懦夫，也非蠢材，整个余生他一直在谋划如何报复那些杀害自己朋友并深深羞辱过自己的人。1388年发生的事情让理查二世摸清了格洛斯特公爵伍德斯托克的托马斯一派的实力。理查二世决心花数年的时间为下次反击作充分的准备：他要拉起一支属于自己的队伍，绝不打无准备之仗。

代位贵族把控的政府仅仅持续了一年。事实证明新一届政府不如上一届政府出色，因为格洛斯特公爵伍德斯托克的托马斯只是阴谋家，不是政治家。格洛斯特公爵伍德斯托克的托马斯实施的政策很不稳定：他一贯主张与法兰西决战，但现在竟然决定与年轻的法王查理六世休战。法兰西当前的情况与英格兰的情况很像，查理六世被几位手握实权的王叔架空了，正如理查二世当时被自己的两位王叔架空一样。因此，查理六世欣然接受了这盼望已久的休战提议。

1389年5月，理查二世觉得是时候将治理王国的权力从代位贵族手中夺过来了。在一次内阁会议上，理查二世突然向王叔格洛斯特公爵伍德斯托克的托马斯问起了自己的年龄，这一提问出乎所有人的意料。格洛斯特公爵伍德斯托克的托马斯回答道："二十三岁。"理查二世接着说，既然自己已经成年，他就应该亲政，并且要选择自己的政府大臣。他正式感谢了代位贵族过去为英格兰所做的贡献，但同时表明新的政府不再需要他们了。如果理查二世现在就召回他流亡在外的朋友，并公开报复仇人，那么英格兰肯定会爆发内战。于是，理查二世采取了比较谨慎的做法：任命祖父曾经的顾问做内阁大臣。与1371年一样，温彻斯特主教怀克姆的威廉主教再度出任总理大臣，埃克塞特主教布兰廷汉姆的托马斯出任财政大臣。虽然代位贵族未被赶出顾问团，但已经无法再控制英格兰政府了。因为理查二世并未采取过激的措施，所以对他不满的贵族没有机会向他发难或趁机发动叛乱。

接下来的八年是理查二世统治以来英格兰最繁荣的时期。他治国有方，赢得了各方赞誉。与法兰西缔结长期和平协定是他作为政治家的得意之作。英法两国将在未来三十年保持和平，加来和波尔多及巴约纳周围的领土仍归英格兰所有，但其他领土重新回到了法兰西的怀抱。为了确保和平协定实行下去，理查二世还娶了法王查理六世八岁的女儿伊莎贝拉。理查二世的妻子波希米亚

伊莎贝拉

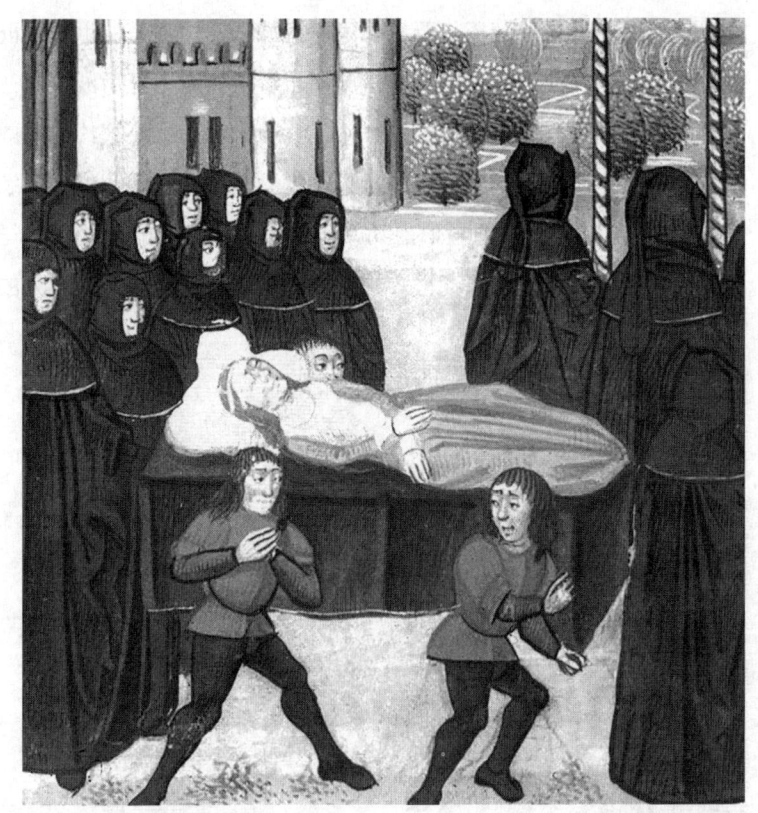

波希米亚的安妮薨逝

的安妮刚刚薨逝,所以他是可以再婚的。不过,理查二世选择一位年纪这么小的新娘是不明智的,因为他和波希米亚的安妮没有子嗣,而他需要有后代来继承王位的。只要理查二世没有子嗣,他的叔叔和堂弟就会对王位虎视眈眈。作为权宜之计,理查二世指定爱德华三世次子克拉伦斯的莱昂内尔的外孙马奇伯爵罗杰·德·莫蒂默为王位继承人①。这一决定让冈特的约翰及其儿子德比伯爵博林布鲁克的亨利极其不满。他们认为,英格兰王位不应该由外戚的后代继承。

理查二世统治中期,倡导宗教改革的威克里夫派——现在被称为"罗拉德派"——逐渐崛起。农民起义运动曾短暂地阻碍了罗拉德派崛起的势头。尽

---

① 见附录。

管神职人员一再向他施压，要求管束罗拉德派，但理查二世本人既不想和罗拉德派站在一起，也不想采取任何措施打击罗拉德派。王后波希米亚的安妮曾一贯支持威克里夫派的事业。她的波希米亚仆人和随从还把约翰·威克里夫的宗教思想传回了他们的祖国。这些思想注定会影响波希米亚伟大的宗教改革家约翰·胡斯①。以索尔兹伯里伯爵约翰·蒙塔古为代表的一些贵族与众多富裕的国民都公开支持约翰·威克里夫的宗教改革运动。教皇胡作非为的情况日益严

约翰·胡斯

① 约翰·胡斯（John Huss, 1372—1415），波希米亚宗教改革家，因公然抨击天主教神职人员的腐败现象而被烧死在火刑柱上。

重，宗教改革正好顺应民意。"宗教大分裂"的大幕已经拉开。万恶的教皇不只阿维尼翁有，罗马也有一位。两位教皇彼此对立、互相攻讦，正在将欧洲国家拖入一场全面的宗教战争之中。现在，约翰·威克里夫的教义兼具政治目的和宗教目的。他不顾年事已高，坚持四处宣讲自己的教义。他反对召唤圣灵和崇拜圣骨圣像，质疑朝圣的精神作用及圣餐仪式的真正意义。约翰·威克里夫坚持认为，神职人员拥有的财富过多，应该受到一定的制约。一些议会议员受他思想的影响，一再提议出台相关法规，没收修道院土地和教会捐赠物，从而补充国库。理查二世虽然并未支持这些提议，但保护罗拉德派议员免遭主教的迫害。1384年，在完成《圣经》英译的伟大使命后，约翰·威克里夫安详地闭上了眼睛，而其后世追随者注定要面对更加复杂动荡的时代。

理查二世在位期间还做了另外一件值得称道的大事——强化英格兰对爱尔兰的统治。在过去的两百年中，英格兰历任国王都忽视了这一问题。自爱德华二世统治时期苏格兰人屡次入侵英格兰以来，英格兰对爱尔兰的影响力就在不断下降，许多爱尔兰人甚至加入了反英格兰的队伍。虽然苏格兰人最终被赶出了英格兰，但创伤一直未能愈合，英格兰国王权力萎缩已经成为不可挽回的事实。许多北方部落首领不再效忠英格兰国王。更糟糕的是，许多盎格鲁-诺曼定居者与反叛者关系密切。他们甚至取了具有凯尔特人特色的名字，"变得比爱尔兰人更像爱尔兰人了"。如果新旧居民融合是为了和平统一，那么无论对个人来说，还是对整个国家来说，就都是好事。然而，融合的结果其实是内战不断，中央政府的权力进一步削弱。就连英格兰殖民者密集定居的佩尔地区——都柏林附近——也陷入了混乱。1366年，爱德华三世颁布了《基尔肯尼法令》，禁止盎格鲁-爱尔兰人与凯尔特人通婚，不准他们学习凯尔特人的习俗。不过，《基尔肯尼法令》违背了潮流，不仅不会有好结果，而且可能会增加双方的敌对情绪，不利于王权的巩固与恢复。

1394年，理查二世亲自前往爱尔兰，解决爱尔兰归属权问题，成了自失地王约翰起第一位进入爱尔兰的英格兰国王。他的到来收效显著：当地许多首领承诺会效忠他，佩尔地区的贵族表现得更加顺从。理查二世在都柏林召开爱尔兰议会，宣布其指定的继承人马奇伯爵罗杰·德·莫蒂默为爱尔兰总督后，便返回了英格兰。

1396年，理查二世觉得自己的王位已经坐稳，也知道自己深受大多数臣民喜爱和信任。他认为，1388年发生的事情不可能再上演了，少数几个实力派贵族无法与他抗衡。因此，他觉得是时候报复宿敌"代位贵族"了。他故意表现出与诺丁汉伯爵托马斯·德·莫布雷和德比伯爵博林布鲁克的亨利的关系非同寻常，其目的是从内部分裂敌人。在1388年叛乱事件中，诺丁汉伯爵托马斯·德·莫布雷和德比伯爵博林布鲁克的亨利的罪不重，理查二世真正想报复的是格洛斯特公爵伍德斯托克的托马斯、阿伦德尔伯爵理查德·菲扎兰和沃里克伯爵托马斯·德·比彻姆。格洛斯特公爵伍德斯托克的托马斯也确实给侄子理查二世留下了不少可抓的把柄。他曾暗中破坏英格兰与法兰西缔结和约的计划，嘲笑理查二世的婚姻选择，拒绝出任爱尔兰总督，鼓动议会中的同党给理查二世及其大臣找麻烦等等。甚至有传言说，格洛斯特公爵伍德斯托克的托马斯在密谋策划一场新的叛乱，想再次夺取最高权力。

第 27 章

理查二世的独裁统治

1397年，理查二世突然向敌人下手了。沃里克伯爵托马斯·德·比彻姆在出席宴会时被捕，格洛斯特公爵伍德斯托克的托马斯则被理查二世亲自抓获。理查二世策马闯入格洛斯特公爵伍德斯托克的托马斯在埃塞克斯郡的普拉希府邸，亲手将他抓了起来，并对他说"九年前他是怎样惩罚西蒙·伯里爵士的，现在就会受到怎样的惩罚"。阿伦德尔伯爵理查德·菲扎兰主动投降，愿意接受法庭的审判。理查二世随即召开议会，宣布审判这三名叛国分子。理查二世套用了这些叛国分子1388年对待自己亲信大臣的方法，让支持自己的贵族对他们提出控诉。新一届代位贵族成员包括：理查二世同母异父的兄长肯特伯爵托马斯·霍兰德和亨廷顿伯爵约翰·霍兰德、诺丁汉伯爵托马斯·德·莫布雷、约克公爵埃德蒙·兰利、鲁特兰伯爵埃德蒙及萨福克伯爵威廉·德·拉·波尔的亲戚威廉·斯克鲁普。阿伦德尔伯爵理查德·菲扎兰和沃里克伯爵托马斯·德·比彻姆接受了贵族议院的当庭审判。新账旧账一起算，阿伦德尔伯爵理查德·菲扎兰被判斩首，沃里克伯爵托马斯·德·比彻姆被判终身监禁，监禁地是马恩岛。格洛斯特公爵伍德斯托克的托马斯没有出庭受审。议会收到了他已死于加来监狱的通知，显然，是理查二世下令将他秘密处死的。理查二世不想放过他，但又不愿公开处决他，因为他是自己的王叔。

无情议会的代位贵族们终因其恶行得到了报应。不过，理查二世再也见不到自己的朋友萨福克伯爵威廉·德·拉·波尔和牛津伯爵罗伯特·德·维尔

格洛斯特公爵伍德斯托克的托马斯被秘密处死

了,流亡期间他们都客死他乡了。在剩下的三年统治时间里,理查二世再也没有像萨福克伯爵威廉·德·拉·波尔和牛津伯爵罗伯特·德·维尔这样的得力助手了,所有的大政要事都由他亲理,不太重要的事情他才会交给自己信得过的几位大臣去办理。他主要的理政大臣有威尔茨伯爵威廉·斯克鲁普和下议院议长布希。

理查二世在自己的统治后期表现出了明显的反宪政倾向。于是,1389年至1396年他逐渐失去了因善政而获得的民心。虽然他还称不上过度专制,但人们还是担心他有朝一日会变得独裁。他向富人强行征收王税或强行借款,把他们变为自己的利益共同体，命令那些不值得信任的人在空白的契据上签字。只要他们惹他不开心，他就可以随心所欲地定他们的罪。与英格兰历任国王不同，理查二世身边时刻都有一支弓箭手护卫队。但最让臣民警觉的一件事是，1398年他组织议会进行了一项改革，让议会将权力下放给一个由十位贵族议员、两位主教议员和六位平民议员组成的常委会。常委会有权直接通过法规或税收提案，等同于整个议会的投票表决权。显然，常委会这一机构更容易受到理查二世控制。即便上议院和下议院不能满足他的某些要求，他也可以通过操纵常委会而如愿以偿。这一切都是对宪政制度的威胁，但无人指控理查二世这样治国存在什么大的问题。理查二世希望得到平民的支持，所以不会压迫他们。不过，他成了大部分贵族的敌人，因不支持教会打击罗拉德派而成了教会的敌人。虽然臣民们还未疏远他，但他近来一系列专制行为使他们开始感到不安。

真正导致理查二世倒台的是个人报复行为。两位未被审判的代位贵族诺丁汉伯爵托马斯·德·莫布雷和德比伯爵博林布鲁克的亨利互相揭发对方为叛国者。理查二世同意他们决斗。然而，他们来到考文垂准备决斗时，理查二世突然宣布决斗不必进行了，他们都要被逐出英格兰了：诺丁汉伯爵托马斯·德·莫布雷一生不得回国，德比伯爵博林布鲁克的亨利十年内不得回国。这一判决一定会冤枉其中一位。不过，理查二世只想就1388年事件继续进行报复。1398年，他终于惩罚了杀害西蒙·伯里和罗伯特·特雷西利安的所有凶手。

一年后，冈特的约翰去世，享年六十一岁，他的公爵头衔及所有土地本应由遭流放的德比伯爵博林布鲁克的亨利继承，但理查二世既不同意他继承，也不允许他获得土地收益，而是将一切据为己有。由于德比伯爵博林布鲁克的亨利并未被指控犯有叛国罪，也未被查出其他任何不当的行为，理查二世这样做显然是没有道理的。于是，流亡的德比伯爵博林布鲁克的亨利就成了理查二世公开的敌人，他发誓要不惜一切代价报复理查二世。

1399年，机会来了。爱尔兰总督马奇伯爵罗杰·德·莫蒂默在一次冲突中被爱尔兰叛军杀害了，理查二世匆忙赶往爱尔兰平定叛乱。当理查二世正在威克洛山区与叛军周旋时，一条令他吃惊的消息传来了：德比伯爵博林布鲁克

坎特伯雷大主教托马斯·阿伦德尔

的亨利在约克郡的拉文斯普尔登陆了，与他同来的还有坎特伯雷大主教托马斯·阿伦德尔①和另外几名流亡的贵族。德比伯爵博林布鲁克的亨利声称，他只想要回自己的公爵身份，绝无叛逆之心。1399年7月，冈特的约翰的数千名旧部和许多北方贵族纷纷聚集到德比伯爵博林布鲁克的亨利的麾下。趁理查二世不在国内，德比伯爵博林布鲁克的亨利首先杀向了约克郡。约克公爵埃德蒙是理查二世唯一健在的叔叔，为人单纯，没有太大抱负和志向。虽然他组织了一支防御部队，但德比伯爵博林布鲁克的亨利发誓道，他并无叛逆之心，只想赶走理查二世身边的奸臣，从而让议会重获自由。愚蠢的约克公爵埃德蒙竟然信以为真，于是解散了防御部队。

---

① 托马斯·阿伦德尔（Thomas Arundel, 1353—1414），第十代阿伦德尔伯爵理查德·菲扎兰之子，曾任伊利主教（1374—1388）、约克大主教（1388—1396）和坎特伯雷大主教（1397—1398，1399—1414）。

因此，德比伯爵博林布鲁克的亨利没有遇到任何阻挠就回到了英格兰。这时，理查二世因持续受东风的影响，无法渡过爱尔兰海峡，只能待在都柏林。不久，德比伯爵博林布鲁克的亨利的野心就暴露了。他未通过任何合法程序便抓捕并处决了理查二世的主要大臣威廉·斯克鲁普、布希和格林。这一暴行让理查二世的支持者拿起了武器，索尔兹伯里伯爵托马斯·蒙塔古在威尔士集结了一支部队，只等理查二世回到英格兰后与他会合。然而，不幸的是，暴风雨将理查二世困在了爱尔兰。当理查二世终于到达米尔福德港时，绝望的索尔兹伯里伯爵托马斯·蒙塔古已经于两天前解散了部队。

理查二世以为支持者们会率大军来迎接自己，所以几乎就是单枪匹马回来的。他刚一上岸就被德比伯爵博林布鲁克的亨利的大军包围了，大军的统帅是诺森伯兰伯爵亨利·珀西。诺森伯兰伯爵亨利·珀西向理查二世谎称，这次

理查二世向亨利·珀西交出王冠

第 27 章 理查二世的独裁统治 | *183*

行动的目的不是夺取他的王位,他只需跟自己走一趟就行。放弃抵抗的理查二世被押往伦敦。在临时召集起来的议会上,他受到了指控。将堂兄控制起来的德比伯爵博林布鲁克的亨利的目的显然不是改组内阁,而是要夺取王位。议会指控理查二世违背了加冕誓言,执政不公,理应被废。在罗列出的三十三项罪状中,言过其实的居多,凭空捏造的也不少。精神已经崩溃的理查二世没有申辩,同意退位。德比伯爵博林布鲁克的亨利趁机坐上了国王宝座。理查二世随后被关入了庞蒂弗雷特城堡,1400年死于城堡之中。

第 9 卷

亨利四世的统治

1399—1413

第28章

谋杀理查二世

诸多有利条件让德比伯爵博林布鲁克的亨利顺利登上了王位：理查二世远征爱尔兰，约克公爵埃德蒙行动不力，暴风雨阻断了理查二世的归途，理查二世支持者萎靡不振。所有这一切是德比伯爵博林布鲁克的亨利在登陆拉文斯普尔时未曾料想到的。如果事态不是这样发展而是朝其他方向发展，德比伯爵博林布鲁克的亨利很可能都不敢夺取王位。一开始，他的目的只是想为自己讨回公道。

然而，德比伯爵博林布鲁克的亨利在顺利篡位后，其人性缺点也暴露无遗。事实上，这位史称"亨利四世"的新国王只不过是某些派别的国王而已。真正拥戴他的是依附代位贵族的少数人及以坎特伯雷大主教托马斯·阿伦德尔为首的教士们。教士们之所以拥戴他，是因为打算利用他打击罗拉德派。亨利四世如果想得到其他派系的支持，就得利诱之。理查二世被废黜后，虽然支持理查二世的众多贵族受到了牵连，但在英格兰的许多地方，支持理查二世的人还是远多于支持亨利四世的人。

亨利四世建立兰开斯特王朝要完全归功于议会的选举。从严格的王位世袭权来讲，理查二世的王位应该由年幼的马奇伯爵埃德蒙·德·莫蒂默——1398年死于爱尔兰的马奇伯爵罗杰·德·莫蒂默的儿子——继承。然而，亨利四世对世袭制不屑一顾，坚持议会推选国王的原则。他心里非常清楚，既然议会可以选择他，也就可以罢免他。因此，在制定国内政策时，亨利四世总会想方设法讨好上议院与下议院，表现得有些卑躬屈膝。在英格兰历代国王看来，这是有辱王权的。亨利四世除了要平衡议会内部利益，团结支持自己的贵族，还需要满足教会提出的一切要求。

作为德比伯爵的亨利曾深受自己封地百姓的拥戴，但作为国王的亨利四世没有得到全国臣民的支持。强烈反对他的人有很多，而他真正的朋友没有几个。所谓的支持者都动机不纯、贪得无厌，普通百姓对他的关心少之又少。尽管如此，亨利四世仍然在王位上待了十四年，最终将王位成功传给了自己的儿子。这表明他是有一定能力的。他能守住王位与其独特的性格不无关系。虽然他做事不择手段，但说话非常讲究，语气温和且彬彬有礼。换作一个傲慢自负或脾气暴躁的人，王位可能早就不保了。在需要重拳出击时，亨利四世虽然表现得果敢坚决，但大多数时候仍然是一个隐忍而谨慎的人。

亨利四世在位期间，英格兰国内叛乱四起。他加冕刚过了两个月，英格兰就爆发了一次叛乱。叛军的领导人都是理查二世的党羽：他同母异父的兄长亨廷顿伯爵约翰·霍兰德与肯特伯爵托马斯·霍兰德及著名的罗拉德派领导者索尔兹伯里伯爵托马斯·蒙塔古和托马斯·德斯潘塞勋爵。反叛者以骑士比武大会为幌子聚集了数千名武装人员，突然杀向温莎，想趁亨利四世不备将其抓获。亨利四世幸运地躲过了这一劫。他在半小时内就逃回了伦敦，紧急呼吁市民拿起武器御敌。

霍兰德兄弟及其朋友发现突袭温莎失败后，决定先将部队撤离，然后蓄积力量，伺机而动。他们的主力部队开始向西撤退。途经威尔士边境时，他们希望将理查二世曾经的众多支持者也都吸收进来。然而，这一延误战机的做法给他们带来了毁灭性的灾难。亨利四世率领大军追了上来。战斗尚未开始，叛军已经自乱阵脚。肯特伯爵托马斯·霍兰德和索尔兹伯里伯爵托马斯·蒙塔古在西伦塞斯特的混战中丧生；亨廷顿伯爵约翰·霍兰德和托马斯·德斯潘塞勋爵分别在埃塞克斯郡和布里斯托尔郡被捕，之后被处死。叛军四名首领的尸体被吊在伦敦城头示众。上述事情发生在1399年12月至1400年1月之间。

亨利四世加冕

这次不合时宜的叛乱直接导致了理查二世的死亡。为了防止因他而起的叛乱再次发生，亨利四世秘密下令将他饿死在庞蒂弗雷特城堡。据说，理查二世在饥饿中坚持了十五天（1400年1月到1400年2月）。虽然官方公开展示过他的尸首，但蹊跷的死因令一些人怀疑死者并非他本人。许多年过后，仍有传言说理查二世仍然活在世上。亨利四世统治时期，苏格兰宫廷一直有人冒充理查二世。

理查二世驾崩

威廉·索特雷殉难

接下来的一年里，亨利四世努力表明自己支持教会的立场，这说明他急于稳固自己的统治地位。在坎特伯雷大主教托马斯·阿伦德尔的建议下，亨利四世敦促议会通过了臭名昭著的《烧死异教徒法案》。《烧死异教徒法案》通过不到一个月，教会便开始迫害罗拉德派人士了。1401年2月，伦敦的一位教士威廉·索特雷坚持自己的宗教立场不变，于是成了首位殉难者。宗教迫害断断续续持续了二十年。

议会尽管对亨利四世打击罗拉德派的行为坐视不管，但在国家立法和财政问题上一点儿也不向亨利四世妥协。议会试图要控制王室的开销问题，并一再向亨利四世灌输这样一个原则——在上议院与下议院反映的民怨问题未得到解决之前，议会不会同意给王室拨款。亨利四世采取了惯用的拖延战术，最终迫不得已向议会做出了让步。

第29章

什鲁斯伯里战役

理查二世驾崩暂时中断了叛党的行动，因为年幼的马奇伯爵埃德蒙·德·莫蒂默去召集并领导一支叛军是有难度的。此外，人们一直在怀疑理查二世到底是否真的已经驾崩，不愿承认马奇伯爵埃德蒙·德·莫蒂默的继承人身份。而亨利四世接下来面对的麻烦不是防止他人篡夺王位的阴谋，而是威尔士的叛乱问题。一百多年来，威尔士都没有发生过内乱。威尔士的军队曾经追随爱德华三世南征北战。现在，威尔士诞生了一位天才领袖——圭内斯国王的后裔格林德迪的欧文①，英格兰人叫他"格伦道尔"。格伦道尔及其同胞从来都未与亨利四世站在同一条战线上。因此，当格伦道尔振臂一呼要反抗逆贼时，他的威尔士同胞们便纷纷拿起了武器。格伦道尔名义上是为理查二世报仇，实质上是在为威尔士的独立而战，与英格兰王朝的更迭无关。格伦道尔率军从山地下来，不是声援英格兰的叛军，而是攻至英格兰边境的什鲁斯伯里和伍斯特。亨利四世一次次派兵前往边境抵御，但始终未能打败威尔士人，因为他们会退到山上。当英军食物耗尽准备撤离时，他们又会在英军后方进行骚扰。1402年，亨利四世率军亲征威尔士，但遇上了恶劣的天气，吃尽了苦头。英军将士痛骂格伦道尔是巫师，调用恶劣天气折磨他们。

---

① 格林德迪的欧文（Owen of Glyndwrdee, 1359—1416），威尔士民族英雄，曾在博林布鲁克的亨利（即亨利四世）的军队服役，后因亨利四世对威尔士人民残暴统治而起兵叛乱，领导威尔士人民展开了抗击英格兰的独立战争。

霍米尔敦山战役

虽然威尔士的叛乱没有向英格兰境内蔓延的迹象，但其他方面的麻烦让亨利四世变得寝食难安。法兰西国王查理六世发誓要为女婿理查二世复仇，随时会攻打英格兰，英格兰南部许多沿海城镇已经遭到诺曼底私掠船的侵扰。与此同时，道格拉斯伯爵阿基博尔德[①]率领苏格兰人越过边境，侵入了英格兰。不过，苏格兰人很快便遭遇了惨败。1402年9月14日，诺森伯兰伯爵亨利·珀西的儿子率领英军在霍米尔敦山战役中大败苏格兰人，俘虏了道格拉斯伯爵阿基博尔德和许多苏格兰贵族。

然而，这场胜利注定要给亨利四世带来隐患。亨利四世要求诺森伯兰伯爵亨利·珀西父子将苏格兰人质交给自己处置，以便向苏格兰收取赎金以充实英格兰的国库。但亨利·珀西父子不愿听从他的命令，认为这笔钱应该归他们

---

① 道格拉斯伯爵阿基博尔德（Archibald Douglas, 1372—1424），苏格兰贵族、军阀，第十三代道格拉斯勋爵，同时兼威格敦伯爵、安南代尔勋爵、加洛韦勋爵、波思韦尔勋爵。

所有。诺森伯兰伯爵亨利·珀西是亨利四世篡夺王位时的主要支持者，一向居功自傲。在亨利四世还一意孤行要求他服从命令时，他断然拒绝并快速策划了一场叛乱。在北方，诺森伯兰伯爵亨利·珀西拥有强大的号召力，马上就集结了一支人马，随时可以投入战斗。这是封建无政府统治下的一次典型起义，领导者为珀西家族。诺森伯兰伯爵亨利·珀西让自己勇敢鲁莽、绰号为"热刺"的儿子担任起义军的统帅，释放了同意支持他起义的道格拉斯伯爵阿基博尔德，同时请弟弟伍斯特伯爵托马斯·珀西前来相助。他们派人到格伦道尔那里商讨联手对抗亨利四世事宜。最后，他们决定以年幼的马奇伯爵埃德蒙·德·莫蒂默的名义发动起义，正式与亨利四世分庭抗礼，指控他篡夺王位，犯下谋杀国王理查二世的滔天罪行。

诺森伯兰伯爵亨利·珀西留在约克城，时刻关注着韦斯特莫兰伯爵拉尔夫·内维尔率领的王党军的一举一动。他的儿子"热刺"、伍斯特伯爵托马斯·珀西和道格拉斯伯爵阿基博尔德则率大军先是到了曾受理查二世统治的柴郡，然后向什鲁斯伯里挺进，准备与格伦道尔率领的威尔士军队会合。亨利四世率领一小支部队迅速从伦敦赶来，破坏了珀西叔侄的军队与威尔士军队会合的计划。1403年7月21日，在距什鲁斯伯里两英里的哈特利，两军进行决战。经过一番激战，诺森伯兰伯爵亨利·珀西的儿子"热刺"被杀，伍斯特伯爵托马斯·珀西和道格拉斯伯爵阿基博尔德被俘。伍斯特伯爵托马斯·珀西立即被处决。他当初收了篡位者亨利四世价值三万英镑的礼物，背叛了理查二世，现在又与篡位者刀兵相见，最终受到了应有的惩罚。诺森伯兰伯爵亨利·珀西听说儿子被杀后，马上向亨利四世投降。在承诺将众多北方城堡献给王室后，他得到了亨利四世的宽恕。

什鲁斯伯里战役后近两年时间里，英格兰的局势一直比较平静。虽然威尔士的格伦道尔仍不肯投降，但英格兰并未再受到他的骚扰，暂时进入了和平时期。1405年，英格兰又遇到了新的麻烦。年幼的马奇伯爵埃德蒙·德·莫蒂默一直被囚禁在温莎，但有人想救他，这引起了亨利四世的警觉。不久，北方叛乱再起，两名首领对亨利四世积怨极深。其中一位是约克大主教理查

什鲁斯伯里战役

"热刺"被杀

德·斯克鲁普,他是1399年在布里斯托尔被处决的威尔茨伯爵威廉·斯克鲁普的弟弟;另一位是诺福克伯爵托马斯·莫布雷,他是1398年被德比伯爵博林布鲁克的亨利指控为叛国者并在考文垂准备与之决斗的诺丁汉伯爵托马斯·莫布雷的儿子。诺丁汉伯爵托马斯·莫布雷在流亡中死去,他儿子诺福克伯爵托马斯·莫布雷就成了兰开斯特家族的死敌。约克大主教理查德·斯克鲁普和诺福克伯爵托马斯·莫布雷在约克聚起了一支起义军;诺森伯兰伯爵亨利·珀西见状,也加入了支持他们的行列。三位首领一致认为,马奇伯爵埃德蒙·德·莫蒂默才是英格兰的国王。

第 30 章

诺森伯兰伯爵亨利·珀西被杀

但亨利四世的运气实在太好了,他的作战指挥官韦斯特莫兰伯爵拉尔夫·内维尔用非常卑鄙的手段抓获了约克大主教理查德·斯克鲁普和诺福克伯爵托马斯·莫布雷。韦斯特莫兰伯爵拉尔夫·内维尔在阵前挂起了休战旗,邀请两位起义首领前来谈判。然而,他们到来后,他的手下迅速将他们捆绑了起来。亨利四世接到消息后,很快赶到了约克城,下令马上处决这两名囚犯。1405年6月8日,在未经法庭正式审判的情况下,约克大主教理查德·斯克鲁普

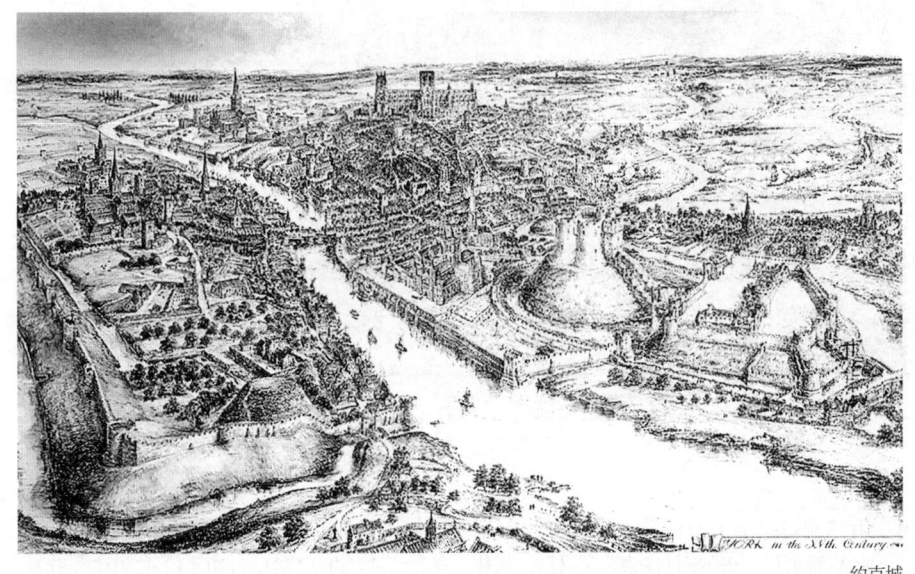

约克城

和诺福克伯爵托马斯·莫布雷被草草定罪,一小时后被处决。约克大主教理查德·斯克鲁普之死让人们感到非常恐慌和震惊。除了托马斯·贝克特①,大主教因反对国王而被处死的先例没有出现过。北方神职人员对英勇殉难的理查德·斯克鲁普充满了敬意。几天之后,亨利四世大病了一场。从此他的身体就没断过毛病。人们认为,他经常性的癫痫发作与麻风病痛就是上天对他残忍杀害约克大主教理查德·斯克鲁普的惩罚。

叛乱并未轰轰烈烈地进行下去,亨利四世的军队只用了几发炮弹就将诺森伯兰伯爵亨利·珀西的城堡炸成了碎片。诺森伯兰老伯爵亨利·珀西慌忙逃往苏格兰。他在苏格兰蛰伏了三年,等待反击的机会。其间,亨利四世的麻烦

托马斯·贝克特被杀

---

① 托马斯·贝克特(Thomas Becket,约1119—1170),亨利二世统治时期英格兰教会的精神领袖,任坎特伯雷大主教期间,为了保卫教会利益与亨利二世展开了斗争。1170年12月29日晚,托马斯·贝克特在坎特伯雷大教堂祷告时被杀。三年后,亨利二世赎罪,封托马斯·贝克特为圣徒。

接连不断。他不敢与议会起任何争执,议会对他极不尊重。1406年,议会要求并获得了审计王室账目的权利,并敦促亨利四世削减王室开支。1407年,亨利四世被迫承认只有下议院才有从国库拨款的决定权。亨利四世被迫同意在做任何决定之前先听取内阁委员会的建议。议会就这样限制和干涉他的权力,而这是以前的英格兰国王绝对不能容忍的事情。亨利四世的权力之弱可见一斑。

1407年,英格兰对外关系略有改善。法兰西人入侵英格兰的危险依然存在:英吉利海峡曾两次出现过庞大的法兰西舰队,虽然没有大批法兰西军队在肯特郡海岸登陆,但时常会有小型战舰骚扰英格兰南部的港口。一次,一支法兰西大军被派往威尔士支持格伦道尔领导的起义。亨利四世的主要对手是法王查理六世的弟弟奥尔良公爵路易一世①。1407年11月,奥尔良公爵路易一世被勃艮

奥尔良公爵路易一世

---

① 奥尔良公爵路易一世(Louis Duke of Orleans, 1372—1407),法兰西国王查理五世之子,查理六世之弟。为争夺患精神病的查理六世的摄政权,与勃艮第公爵大胆约翰交恶,引发了奥尔良派与勃艮第派激烈的争斗。

第公爵大胆约翰派刺客杀害了。奥尔良公爵路易一世之死引发了奥尔良派与勃艮第派的长期内战。陷入内乱的法兰西再也无闲暇考虑攻打英格兰了。查理六世患有间歇性精神病，每年夏天都会发作，每次发作会持续四五个月。因此，他根本无法统一法兰西。不久，情况就发生了变化，当法兰西不再攻打英格兰时，英格兰开始谋划攻打深陷派系斗争的法兰西了。

1408年，亨利四世终于可以消除最后的叛乱隐患了。诺森伯兰伯爵亨利·珀西、托马斯·巴道夫勋爵和威尔士班戈主教路易·拜福德率领一支大军悄悄潜入了英格兰边境，没想到碰上了约克郡行政长官托马斯·罗基比爵士率

奥尔良公爵路易一世被刺杀

苏格兰国王罗伯特三世

领的军队。双方在布拉姆汉姆荒原展开了激战,最终叛军被击溃,反叛贵族全部被杀。来自苏格兰方面最后的危险也消除了,因为亨利四世握着控制苏格兰的一张王牌。1406年,苏格兰国王罗伯特三世在将次子詹姆斯王子跨海送往法兰西避难的途中被英格兰人截获。之后,詹姆斯王子就一直被扣押在英格兰。代表兄长罗伯特三世治理苏格兰的阿尔巴尼公爵罗伯特·斯图尔特希望大权独揽。于是,阿尔巴尼公爵罗伯特·斯图尔特与亨利四世达成了一项秘密协定:亨利四世继续羁押年轻的詹姆斯王子,而阿尔巴尼公爵罗伯特·斯图尔特则保证苏格兰人不会袭扰英格兰。

亨利四世就这样消除了来自法兰西和苏格兰的危险,让他头疼的就只剩下威尔士的叛乱分子了。不过,亨利四世的健康每况愈下。1409年到1411年,

蒙莫斯的亨利

他病恹恹的身体就没有任何好转。他将多数治国理政的大事都交给了儿子蒙莫斯的亨利。蒙莫斯的亨利很小的时候就随父亲在什鲁斯伯里和威尔士的战场上战斗。现在，他二十岁了，已经成为一位勤勉的政治家和军事家。他非常忙碌，根本无暇去做谣传中那些放荡不羁的事情，也不可能与声名狼藉之辈厮混。他留给人们刻板印象，其实这与戏剧大师莎士比亚的历史剧《亨利五世》不无关系。蒙莫斯的亨利大部分时间是在威尔士艰苦的军旅生活中度过的。他一直与格伦道尔领导的叛军周旋。虽然王党军起初只取得了一些小的胜利，但随着兰开斯特王朝的统治不断稳固，格伦道尔实现威尔士独立的梦想也越来越渺茫了。格伦道尔晚年，其追随者接连离他而去。虽然英格兰尚未彻底击败格伦道尔，但蒙莫斯的亨利已经基本稳定了威尔士的局面。

蒙莫斯的亨利代父亲执政的末期（1411年9月到1411年12月），自1393年英法签署和约以来，英格兰首次介入了法兰西的内乱。勃艮第派与奥尔良派激烈斗争时，蒙莫斯的亨利与勃艮第派结盟，派英格兰援军渡过海峡，帮助勃艮第派在圣克劳德战胜了奥尔良派。不过，这种联盟注定不会持续太久。1412年，随着亨利四世的健康好转，他在治国理政方面有了更多的发言权。亨利四世似乎对蒙莫斯的亨利在自己患病期间一手遮天的统治方式有些不满，于是就将他撤到了幕后，而将次子克拉伦斯公爵兰开斯特的托马斯提拔为主要助手和代理人。随着这一改变，英格兰与奥尔良派——后来的"阿马尼亚克派"——达成了和解。阿马尼亚克伯爵伯纳德七世取代了被刺杀的奥尔良公爵路易一世，成了奥尔良派的新首领。

克拉伦斯公爵兰开斯特的托马斯

亨利四世与蒙莫斯的亨利关系恢复后不久，旧病突然发作。1413年3月20日，他在威斯敏斯特驾崩。经历种种磨难和危险后，亨利四世在生前成功保住了王位。不过，他虽然开辟了兰开斯特王朝，但在治国理政方面并不成功。与他初登王位时相比，他驾崩时的英格兰更穷了。他在位期间，英格兰内战不断，中央政府软弱，国家分裂，贵族纷争不断，家族之间形成了世仇。这种状况波及了三代人，直至玫瑰战争才最终结束。

第 10 卷

亨利五世的统治

1413—1422

第 31 章

亨利五世对法兰西宣战

继承了父亲王位的蒙莫斯的亨利（即亨利五世）大大稳固了兰开斯特王朝的统治。亨利五世是通过继承而非武力手段戴上王冠的。理查二世的惨死、亨利四世为了上台而犯下的其他罪行跟亨利五世没有关系。不过，亨利五世绝不会让王位旁落。他很小就随父辈们南征北战，积极参与治国理政。从爱德华一世以来，登基时就拥有如此丰富阅历的英格兰国王是罕见的。亨利五世虽然性格温和、彬彬有礼，但在工作中常常表现出严厉的一面。他做事原则性极强，往往只按规章办事，因此难免会偏激，让人觉得多少有些不近人情。他严守正教观念，毫不同情异教徒。他重新发动了法兰西战争，大肆迫害罗拉德派。这些都反映了他性格中缺少同情。然而，亨利五世深受大多数臣民拥戴。作为统治者，他工作热情，能力超群，治国有方，恪尽职守，是一位不可多得的好君主。

登基伊始，亨利五世便做出了一系列明智而慷慨的决策。亨利五世不再囚禁年幼的马奇伯爵埃德蒙·德·莫蒂默，将他送回了原来的庄园，没有想过他日后可能会成为自己的对手。他把诺丁汉伯爵兼诺福克伯爵——1405年因领导叛乱而被亨利四世处死的托马斯·莫布雷——的领地赐给其弟约翰·莫布雷。亨利五世还把理查二世的遗体运回伦敦，与善良的安妮王后安葬在一起。但不久之后，亨利五世通过的一项决定表明，部分臣民难以获得他的宽恕。他授意坎特伯雷大主教托马斯·阿伦德尔对可怜的罗拉德派加大打击力度。罗拉

伦敦塔

德派现在的领袖是科布汉姆勋爵约翰·奥尔德卡斯尔，他是威尔士战争期间深受亨利四世信赖的得力战将。在接受审判时，科布汉姆勋爵约翰·奥尔德卡斯尔为自己做了有力辩护。他批判教会推行的忏悔、朝圣及圣像崇拜仪式没有起到净化心灵的作用，揭露了教皇的邪恶野心及修士们的贪婪本性。最后，他被宣布为异教徒，然后被关进了伦敦塔。不过，在行刑的前一天，他成功逃出了伦敦塔。

一些罗拉德派信徒感觉前途无望，于是私下密谋绑架亨利五世，逼他让科布汉姆勋爵约翰·奥尔德卡斯尔担任政府首席大臣。他们计划晚上在圣马丁大教堂集合，然后武装突袭威斯敏斯特宫。但突袭计划泄露了，亨利五世提前做好了埋伏，等着他们来犯。当各路反叛者按计划汇聚而来时，不是被抓捕就是被赶跑了。将近六十名罗拉德派人士被处决,为首的是约翰·阿克顿爵士。约翰·奥尔德卡斯尔逃脱后,躲到了威尔士边境。几年之后,他才被抓获,以异教徒和叛国罪遭到了处决。

王位坐稳后,亨利五世开始将注意力从内政转向了外交。与英格兰历代国王一样,亨利五世也认为对外战争是解决英格兰内乱的灵丹妙药。再没有其他举措能像与法兰西开战那样巩固兰开斯特王朝的统治了,他需要做的是保证

约翰·阿克顿爵士被处决

第 31 章 亨利五世对法兰西宣战 | 211

战局对英格兰有利。目前,勃艮第派和阿马尼亚克派在法兰西公开宣战。法兰西内乱使亨利五世更容易实施其入侵计划。法王查理六世患有间歇性精神病,而十七岁的王太子路易放荡成性,是阿马尼亚克派的狂热追随者,与全国一半的臣民为敌。法兰西人非常担忧与英格兰人开战的前景。当亨利五世与勃艮第派结盟,重提爱德华三世当时的领土主张时,王太子路易的顾问大臣们大惊失色。为了避免与英格兰人开战,他们决定将瓦卢瓦的凯瑟琳①公主嫁给英格兰

王太子路易

---

① 瓦卢瓦的凯瑟琳(Catherine of Valois, 1401—1437),法兰西国王查理六世和王后伊莎贝拉之女,英格兰国王亨利五世之妻,英格兰国王亨利六世之母。亨利五世驾崩后,她又嫁给了欧文·都铎,是英格兰都铎王朝国王亨利七世的祖母。

瓦卢瓦的凯瑟琳

国王,并奉送价值八十万克朗的嫁妆,同时承诺将英格兰自1370年以来在吉耶纳和加斯科涅的失地全部奉还。根据《布列塔尼和约》的规定,阿基坦将恢复其原先的独立公国状态,但普瓦图和圣通日仍归法兰西所有。

然而,亨利五世不打算接受如此慷慨的条件,执意要发动一场战争。1415年,数月谈判未果后,亨利五世开始紧锣密鼓地为入侵诺曼底做起了准备。亨利五世的贪婪和野心简直无法用语言来谴责。为了一时的政治利益,他竟然让英法两国陷入了长达四十年的苦难,而随后的战争也给兰开斯特王朝带来了毁灭性的打击。

1415年夏,入侵大军在南安普顿集结了起来。入侵大军装备精良。人数虽然不多,但全是精兵强将,包括两千五百名重骑兵和七千名弓箭手。入侵大军还配备了英格兰当时最大的火炮。就在入侵大军开拔前夕,一个令人震惊的消息传来,说是有人要秘密谋划杀害亨利五世。据传,主要的密谋者是剑桥伯爵康尼斯堡的理查德①,因为他娶了马奇伯爵埃德蒙·德·莫蒂默的姐姐安妮·莫蒂默,所以一心想让小舅子登上王位。这样一来,他自己就能以埃德蒙·德·莫蒂默的名义统治整个英格兰了。胸无大志、安于现状的马奇伯爵埃德蒙·德·莫蒂默并未参与这场密谋,与剑桥伯爵康尼斯堡的理查德密谋的主要同伙还有1405年被处决的大主教理查德·斯克鲁普家族的斯克鲁普勋爵和托马斯·格雷爵士。不过,密谋者不慎走漏了风声。在三人准备采取行动之前,亨利五世将他们抓了起来。因为证据确凿,1415年8月5日,三人以叛国罪被处以死刑。实际上,该事件是亨利四世继位以来马奇家族与兰开斯特家族之间王位争夺的延续。

---

① 约克公爵埃德蒙的第二个儿子,1399年开始摄政。父亲死后,他的兄长继承了爵位。——原注

第 32 章
阿让库尔战役

1415年8月中旬,英军渡过海峡。在阿夫勒尔附近登陆后,英军开始围攻阿夫勒尔。阿夫勒尔军民奋勇抵抗。法兰西王太子路易尽管在鲁昂集结了一支大军,但无法前来支援。影响英格兰士兵作战的不是敌人的箭雨,而是夏日的高温与军营里的高热病。经过五周的围攻,英格兰的火炮终于轰开了城墙。1415

围攻阿夫勒尔

年9月22日，法兰西守军投降。虽然英军在诺曼底有了落脚点，但秋季来临了，兵力慢慢减少了。留守阿夫勒尔城需要一千两百名士兵，再加上许多伤病员被送回了英格兰，可以上战场的只剩一千名骑兵和四千名弓箭手了。这样一支部队是无法远征巴黎的，甚至连诺曼底也无法征服。于是，亨利五世决定率军前往加来，不再深入法兰西腹地。这不像是一次严肃的军事行动，而像是对法兰西王太子及其军队的蔑视。英军本该通过海路回国，但选择了充满危险的陆路。

亨利五世率军穿过诺曼底和皮卡迪，赶到了索姆河。与1346年爱德华三世的遭遇一样，如何过河也成了亨利五世必须解决的问题。他只能率军绕到内陆的帕罗纳，然后从帕罗纳过河。就在英军绕道时，由法军统帅约翰·达布雷特

约翰·达布雷特

阿让库尔战役前的早晨

率领的法军提前赶到，封锁了英军的必经之路。英军赶到阿让库尔附近时被法军挡住了去路，法军的兵力是英军的六倍到八倍。英军必须杀出一条血路，因为天气越来越糟，长途奔袭的将士已经筋疲力竭，给养也开始告急。1415年10月25日，亨利五世在阿让库尔和特拉梅库尔之间布阵。他将骑兵分为三队。各队骑兵的两翼都有弓箭手保护。英军等候法军来犯。两军之间是一片被雨水浸透的耕地，重骑兵要想通过这片耕地实非易事。法军认为英军寡不敌众，击败英军犹如探囊取物。像波伊泽德战役一样，法军派两支骑兵纵队首先冲向英军的两翼，驱散弓箭手，主力则兵分三路从中间徒步杀向敌阵。每一路的兵力都超过了英军的总兵力。

冲在前面的法兰西骑兵在泥泞中经过奋力跋涉，刚好进入了英格兰弓箭手的射程。他们还未发起进攻，便被射落马下。骑兵后面大批徒步冲向英军的法兰西骑士深陷过膝的泥泞之中，动弹不得，最后筋疲力竭地暴露在英格兰士兵面前。看到法军已经被困住，亨利五世一声令下，英格兰弓箭手向前几步，选好位置站定，连续放箭。几分钟箭雨过后，法兰西骑士大溃，随后被冲杀过来的英格兰士兵打得失去还手之力。法军士兵无助地在泥泞中挣扎着，有的被杀，有的做了英军的俘虏。事实证明，在这种泥泞的阵地上，弓箭手的战斗力比重骑兵更强。击败法兰西第一路大军后，英军继续杀向法兰西第二路大军。法军将士虽拼力抵抗，但最终难逃被杀的命运。第三路大军还没战斗，大部分士兵就四散逃命而去，只有少数不愿逃跑的指挥官竭力抵抗，最后战死。英军追杀法军正酣时，有警报传来说，他们的营地后方遭到了敌人的袭击。亨利五世命令将士将俘虏统统杀死，然后尽快撤回营地投入新的战斗。但英军很快发现，在营地后方骚扰的只是一群劫匪而已。他们见英军杀了过来，马上便夺路而逃。因此，没必要再杀法兰西俘虏了。杀俘行为随即停止。英军清理战场时发现，被杀的法军将士中有一名法军统帅、三名公爵（布拉班特公爵安东尼、巴尔公爵爱德华三世和阿朗松公爵约翰一世）、七名伯爵、九十名男爵与五六千重骑兵。人数超过了整支英格兰军队的人数。不过，一千五百名俘虏得以活命，其中包括了年轻的奥尔良公爵查理、文多姆伯爵路易一世、欧伯爵阿托伊斯的查理和里切蒙特伯爵约翰。

虽然英军中约克公爵诺维奇的爱德华和萨福克伯爵迈克尔·德·拉·波尔战死，但整体损失不大，只有十三名重骑兵和一百名弓箭手阵亡。法军士兵厚重的盔甲不仅限制了他们在泥泞中快速行动，而且大大影响了他们有效攻击英军的能力。他们的铠甲很容易就能被箭头穿透，而在短兵相接中，铠甲同样无法保护他们。手握斧头和钉头槌的弓箭手可以轻松地击倒他们。英军的这场胜利看似说明了亨利五世远征法兰西是明智之举，而在实际的战斗中亨利五世也展现出了过人的战术和非凡的勇气；但如果当时指挥法军的是一位谨慎而优秀的将领，那么英军定难逃灭顶之灾。

不过，亨利五世自知兵力有限，将士身心俱疲，无法深入法兰西腹地。于是，他率军来到加来，然后乘船返回了伦敦。为庆祝亨利五世凯旋，英格兰国内举行了盛大的活动。不过，这次胜利徒有虚名，实际收获并不多，占领

阿让库尔战役

阿让库尔战场上,英法两军弓箭手对射

阿让库尔战场上,亨利五世受到阿朗松公爵约翰一世的攻击

阿夫勒尔是唯一实实在在的战果。在阿让库尔之战中，阿马尼亚克派即使失利，也并未被彻底打垮。英格兰人担心，在爱国精神渐渐复苏的过程中勃艮第派会与英格兰反目。整个1416年，阿夫勒尔都处于法兰西人的围攻之中，所幸并未失守。

第 33 章

博热战役

　　1416年大部分时间，亨利五世都忙着与到访的神圣罗马帝国皇帝卢森堡的西吉斯蒙德[①]就结束自1378年以来的"教会大分裂"进行谈判。卢森堡的西吉斯蒙德想恢复基督教世界的和平，所以提出了许多计划。亨利五世积极参加

卢森堡的西吉斯蒙德

[①] 卢森堡的西吉斯蒙德（Sigismund of Luxembourg, 1368—1437），卢森堡王朝时期的神圣罗马帝国皇帝。

谈判。最终，在康斯坦茨会议上，各方认可了一套方案。1417年，康斯坦茨会议选举马丁五世为新教皇，从而结束了天主教三位教皇①公开分裂的局面。不过，令人们对康斯坦茨会议记忆犹新的不是改革腐败教皇制度方案的流产，而是约翰·威克里夫精神继承者、波希米亚伟大宗教改革家约翰·胡斯的殉难。

为了回报在教会问题上支持自己的亨利五世，神圣罗马帝国皇帝卢森堡的西吉斯蒙德试图帮助英格兰与法兰西和解。但法兰西的阿马尼亚克派无法接受英格兰提出的过分要求。勃艮第公爵大胆约翰坚持事不关己的态度，盼望对手倒霉，自己坐收渔利。然而，他不敢与英格兰公开结盟，担心会冒犯法兰西人的爱国情感。因此，战争将继续下去。

1417年8月，亨利五世组建了一支规模与1415年相当的远征军，再次渡过海峡，登陆诺曼底。这次，英军放弃了突袭掠夺的作战方式，采取了蚕食战术，先后攻占了卡昂、利雪、巴约、阿朗松、莫田，为下一步军事行动建起了牢固的大本营。而法兰西的阿马尼亚克派和勃艮第派正在巴黎周边打得不可开交，无暇关注英军的动向。1418年，英军稳步向东西扩大势力范围，攻占了西部的圣洛、库唐斯和瑟堡，接着转向东边，开始围攻鲁昂。亨利五世治军严明，有效地统治着被征服地区，改变了这些地区的无政府状态。与此同时，法兰西两大派系在巴黎的斗争以勃艮第公爵大胆约翰的胜利而告终：民众奋起反抗阿马尼亚克派，杀死了阿马尼亚克派统帅及主要领袖，赶走了阿马尼亚克派的其他追随者。获胜的勃艮第公爵大胆约翰被委以领导法兰西人抵抗英格兰入侵的重任。不过，作为统帅，他的能力确实有限，未能阻挡亨利五世入侵的步伐。在英军围攻鲁昂的整整六个月中，勃艮第公爵大胆约翰一直按兵不动，受到所有法兰西爱国人士的谴责。1419年1月，诺曼底闹起了饥荒，英军趁机攻破了城门。最后，勃艮第公爵大胆约翰终于决定解决问题了。不过，他不是调

---

① 天主教会大分裂期间（1378—1417），法兰西、神圣罗马帝国和意大利为争夺对教廷的控制，先后选出了两位教皇，分驻罗马和阿维尼翁。双方均以正统自居，互相攻讦，造成了教会分裂。1409年，枢机主教在比萨举行会议，废黜了罗马的格列高利十二世和阿维尼翁的本尼狄克十三世，另选亚历山大五世为新任教皇。但格列高利十二世和本尼狄克十三世均拒绝退位，出现了三位教皇鼎立的局面。

康斯坦茨会议

集法兰西所有武装抵抗英军,而是开出优厚的条件同英格兰议和,比当时阿马尼亚克派开出的条件更慷慨。1419年5月,双方在默朗和谈。亨利五世所提的条件一如既往地过分,要求获得的地区不仅有《布列塔尼和约》划给爱德华三世的土地与整个诺曼底公国,还有法兰西自1360年就一直拖欠未付的约翰二世的赎金。勃艮第公爵大胆约翰对亨利五世蛮横无理的要求忍无可忍,于是决定与阿马尼亚克派言归于好,共同尽力将侵略者赶出法兰西。现在领导阿马尼亚克派的是患病法王查理六世的小儿子查理王子。查理王子公开表示愿意同勃艮第派和解。1419年9月10日,当两位领导人在蒙特罗大桥会面时,查理王子的随从却背信弃义,将正向查理王子行礼的勃艮第公爵大胆约翰砍倒在地。

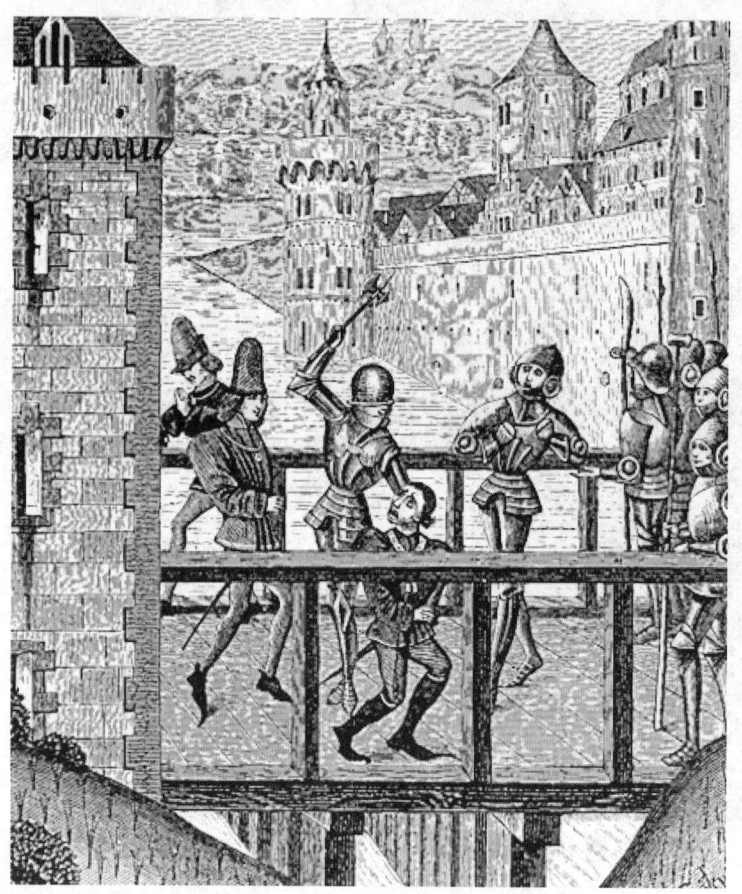

勃艮第公爵大胆约翰被杀

好人腓力

当然，这种残酷愚蠢的举动势必会遭到报应：以勃艮第公爵大胆约翰的儿子好人腓力①为首的勃艮第派马上与英格兰人站到了一起，发誓绝不让查理王子登上法兰西王位。勃艮第派非但不承认查理王子王位继承人的身份，反倒拥护亨利五世的主张，并将亨利五世视为法兰西的统治者。因此，勃艮第派控制的法兰西北方所有城市都与英格兰人成了朋友，并向英格兰入侵者敞开了大

---

① 即勃艮第公爵腓力三世。

门。1420年5月20日，在年轻的勃艮第公爵腓力三世的陪伴下，亨利五世进入了特鲁瓦，会见了法兰西王后伊莎贝拉、患病的查理六世和他们的女儿——早在1414年就答应嫁给亨利五世的凯瑟琳。可怜的查理六世被迫签署了一项和约：同意亨利五世为法兰西的摄政王；取消查理王子的法兰西王位继承权；同意亨利五世在查理六世驾崩后继承法兰西王位。1420年6月2日，亨利五世娶了凯瑟琳公主，为自己夺取法兰西王位增添了新的筹码。在武力占领特鲁瓦周边受阿马尼亚克派控制的城镇后，亨利五世心情大好，带着自己的新娘和岳父到巴黎欢度圣诞节去了。

1421年早春，亨利五世带着王后凯瑟琳返回了英格兰，并在国内巡视了一圈，接受各地臣民的祝福。迄今为止，还没有一位英格兰国王取得过如此辉煌的战绩，英法之间的战争似乎可以成功告一段落了。这是英格兰许多先王多年殚精竭虑、劳民伤财都未得到的结果。议会欣然接受了《特鲁瓦和约》中的所有条款，但显然没有看到随之而来的危险：英格兰不久便可能沦为法兰西的一个地区。正所谓"否极泰来，物极必反"。1421年4月，从卢瓦尔河畔传来了坏消息，破坏了英格兰和谐的社会景象。亨利五世曾派其二弟克拉伦斯公爵兰开斯特的托马斯将安茹和曼恩等与查理王子关系亲近的人全部驱逐，但这些人在得到苏格兰布坎伯爵约翰·斯图亚特的支持后，实力大增，自阿让库尔之战后，居然首次向英格兰人公开宣战。1421年3月21日，在一次追击敌人的行动中，克拉伦斯公爵兰开斯特的托马斯一马当先，紧追不舍，将自己的弓箭手甩在了身后。结果，他在博热中了法军的埋伏，惨遭杀害，同行的萨默塞特伯爵约翰·博福特和亨廷顿伯爵约翰·霍兰德被敌人生擒。

1421年6月，亨利五世只得率军重返法兰西。英军一路南进，将查理王子的军队赶回了奥尔良和卢瓦尔河对岸。接着，英军又开始了拔除法兰西中部敌人仅存的几个据点的行动。所有据点都被英军轻松拔掉了，只有莫城的守军顽强抵抗。英军在1421年10月就开始围攻莫城，但直到1422年5月才取得最后的胜利。整个冬天，雨无休止地下着。亨利五世和将士们在城墙前积水的战壕里坚守，没有撤离。后来，一场可怕的传染性疟疾在英军中爆发了。瘟疫使英军

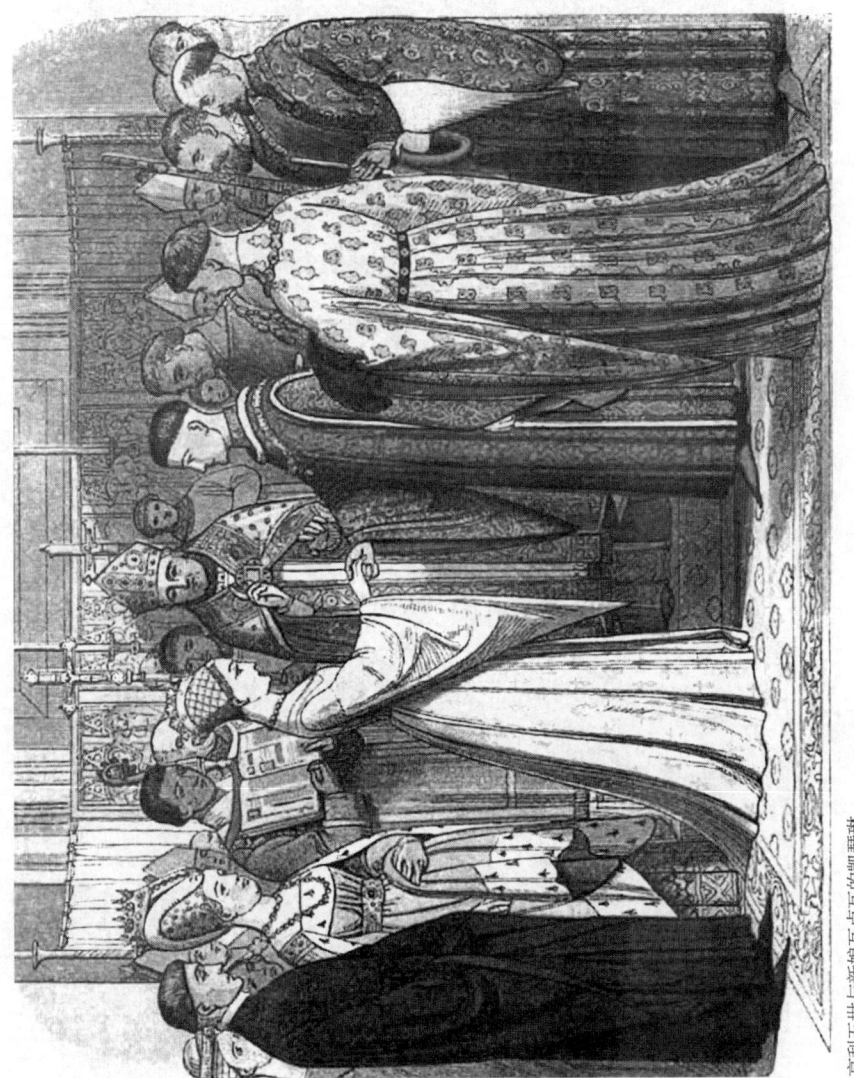

亨利五世与新娘瓦卢瓦的凯瑟琳

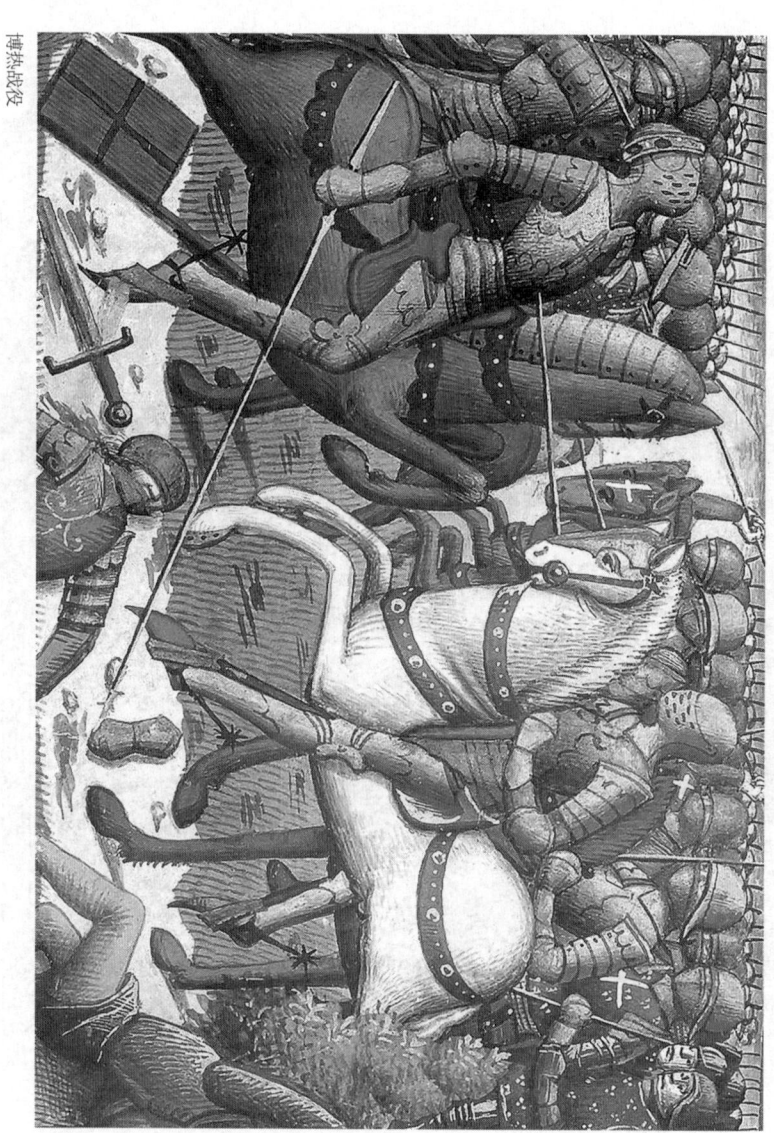

博热战役

围攻莫城

减员严重，饥荒使守军减员也严重，但前者更甚。1422年春，莫城投降后，亨利五世表现得异常残酷，下令将守将及四名副将全部吊死在城墙上。之后，亨利五世回到巴黎。不久，王后凯瑟琳带着刚出生不久的王子来到了他的身边。但亨利五世已经不像原来那样神采奕奕了。死神正在向他招手，因为整个冬季都待在寒冷的军营里，他元气大损，很难再恢复过来。整个夏天，他都躺在巴黎附近文森纳城堡的病榻上，非常虚弱。1422年8月31日，亨利五世驾崩，将天下留给了不满周岁的儿子。

第 11 卷

亨利六世早期统治与法兰西战争

1422—1450

第34章

圣女贞德解奥尔良之围

　　1422年10月21日,亨利五世驾崩几周后,他患病的岳父法王查理六世也撒手人寰。因此,依据《特鲁瓦和约》的规定,英格兰和法兰西的王位都应该由幼小的温莎的亨利继承。可以预料到的是,随着亨利五世这位铁腕征服者的

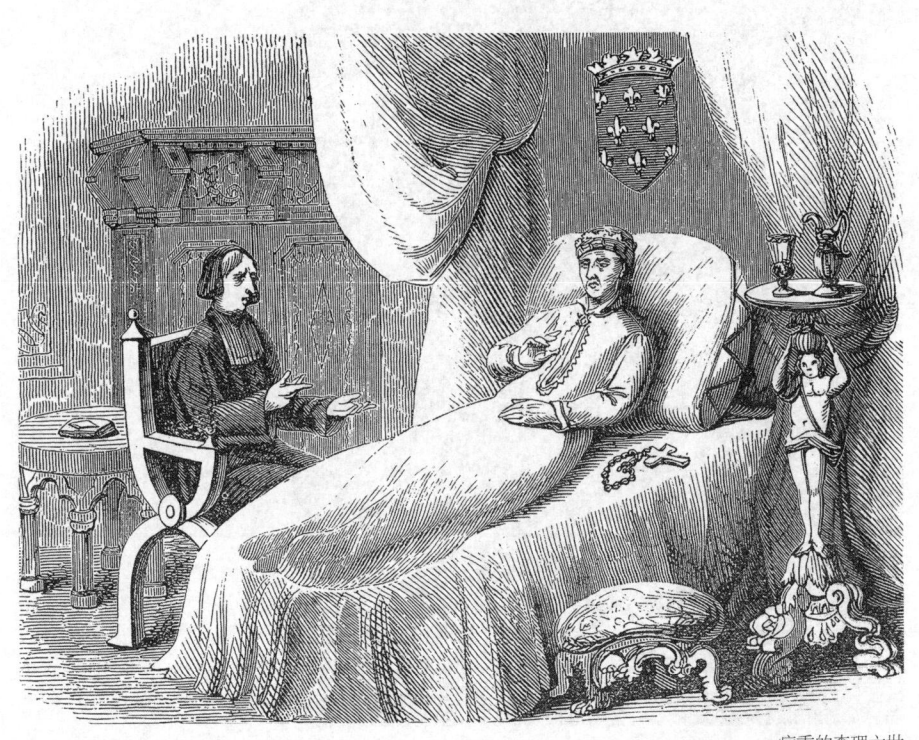

病重的查理六世

驾崩，英格兰必将失去对法兰西的统治，亨利五世的强大权力也必将被多人瓜分。被人们称作"布尔日国王"的法兰西太子查理不是深得民心的能干之人。他身边的文武官员大都是无能之辈，不可能抓住上天赐予的机会去开辟新的天地。只要年轻的勃艮第公爵腓力三世不忘杀父之仇，仍与英格兰人结盟，法兰西民族独立派就无法推进抗击入侵者的事业。

亨利五世驾崩后，他的三弟贝德福德公爵兰开斯特的约翰和四弟格洛斯特公爵兰开斯特的汉弗莱就分别成了法兰西和英格兰的摄政王。贝德福德公爵

贝德福德公爵兰开斯特的约翰

格洛斯特公爵兰开斯特的汉弗莱

兰开斯特的约翰在履职时尽心尽力,与勃艮第公爵腓力三世保持着良好的关系,调集一切资源控制法兰西战争的局面。为了与勃艮第公爵腓力三世保持更紧密的关系,他还娶了勃艮第公爵腓力三世的妹妹勃艮第的安妮①。格洛斯特公爵兰开斯特的汉弗莱的性格与沉稳勤勉的兄长截然不同。他反复无常,表现得自私自利、急躁易怒、偏执好斗,但偶尔会表现得举止优雅,并且因资助有

---

① 勃艮第的安妮(Anne of Burgundy, 1404—1432),勃艮第公爵大胆约翰与巴伐利亚的玛格丽特之女,勃艮第公爵腓力三世之妹,嫁给了英格兰贝德福德公爵兰开斯特的约翰,婚后无子嗣。

识之士发展大众艺术而被支持者称为"好公爵汉弗莱"。虽然格洛斯特公爵兰开斯特的汉弗莱担任英格兰的摄政王,但议会非常担心他会做出一些不计后果的事情,所以限制他的权力。与独立决断的摄政王不同,他只是"护国公和国王的首席顾问"而已,他所有的重大决策都需经过十五名成员组成的摄政顾问团同意。格洛斯特公爵兰开斯特的汉弗莱的主要对手是能力出众、意志顽强的温彻斯特主教亨利·博福特。亨利·博福特完全不信任格洛斯特公爵兰开斯特的汉弗莱的能力,而摄政顾问团的多数成员都站在亨利·博福特一边。格洛斯特公爵兰开斯特的汉弗莱大多数时间都在与反对派争执,但每次都以失败告终。

温彻斯特主教亨利·博福特

令人不可思议的是，亨利五世驾崩后，英格兰在法兰西北方的势力范围竟然没有缩小。相反，六年多来，承认亨利五世幼子温莎的亨利为法兰西国王的地区还在慢慢增多。贝德福德公爵兰开斯特的约翰虽然只能从英格兰获得少得可怜的经费，但仍在不遗余力、兢兢业业地治理着英格兰在法兰西的属地。在很大程度上，他依靠法兰西的财力和雇佣军努力维护目前的局面。法兰西太子查理曾两次率军试图攻占英格兰在法兰西的属地——1423年7月31日的克拉旺战役和1424年8月17日的韦尔纳伊战役，但均以惨败告终。在韦尔纳伊战役中，道格拉斯伯爵阿基博尔德被杀，苏格兰盟军几乎全军覆没。法兰西太子查理再难获得苏格兰的援助了，因为英格兰不但将长期监禁的詹姆斯一世释放回了苏格兰，而且将主教亨利·博福特的侄女琼·博福特嫁给了他。詹姆斯一世承诺，苏格兰会与英格兰保持世代友好的关系。

然而，格洛斯特公爵兰开斯特的汉弗莱的一次任性之举为英格兰在法兰西的统治埋下了隐患。他居然娶了勃艮第公爵腓力三世的表妹荷兰与埃诺女伯爵杰奎琳。荷兰与埃诺女伯爵杰奎琳是有夫之妇。在抛弃丈夫布拉班特公爵约翰四世后，她与格洛斯特公爵兰开斯特的汉弗莱私定终身。这令勃艮第公爵腓力三世勃然大怒。在伪教皇本尼迪克特十三世同意荷兰与埃诺女伯爵杰奎琳离婚后（其有效性尚存争议），格洛斯特公爵兰开斯特的汉弗莱便娶了她，从而成了埃诺的主人。勃艮第公爵腓力三世不愿看到自己的领地佛兰德斯旁边是格洛斯特公爵兰开斯特的汉弗莱的领地，于是便和布拉班特公爵约翰四世联手夺回了埃诺。要不是妹夫贝德福德公爵兰开斯特的约翰好言相劝，勃艮第公爵腓力三世很可能早就与英格兰一拍两散了。格洛斯特公爵兰开斯特的汉弗莱丢掉了本属于妻子荷兰与埃诺女伯爵杰奎琳的领地，逃回了英格兰。荷兰与埃诺女伯爵杰奎琳被勃艮第公爵腓力三世抓住，进了监狱。薄情寡义的格洛斯特公爵兰开斯特的汉弗莱并未为荷兰与埃诺女伯爵杰奎琳争取自由而据理力争，而是承认他们的婚姻不具法律效力。不久，他就娶了肯特的一位贵妇——埃莉诺·科布汉姆。

排除了弟弟愚蠢行为造成的隐患后，贝德福德伯爵兰开斯特的约翰又遇

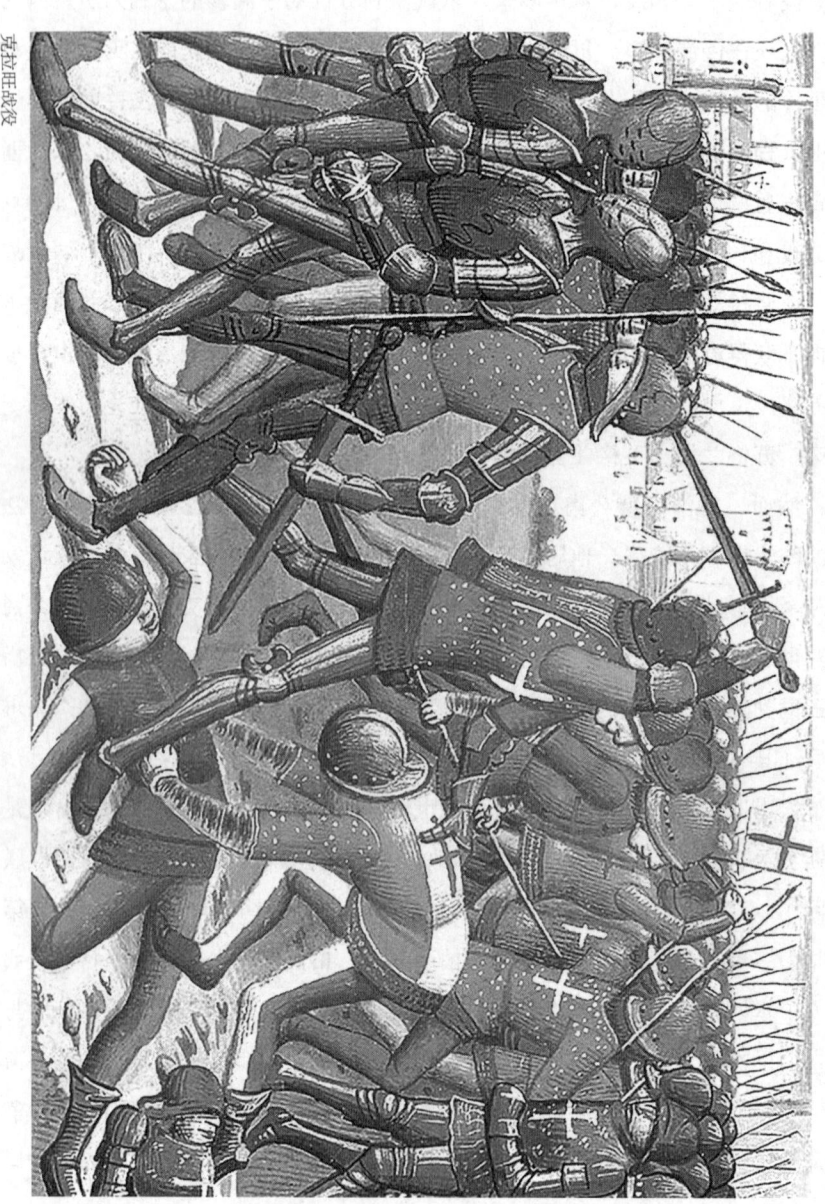

克拉旺战役

韦尔纳伊战役

到一个更大的难题。他率领英军慢慢向法兰西南部地区推进，抵达了卢瓦尔河以北法兰西人最后的一个据点奥尔良。为了围攻这一战略要地，他命令索尔兹伯里伯爵托马斯·蒙塔古——理查二世的罗拉德派朋友之子——调集所有兵力。即便如此，英格兰兵力也不过区区四千人。英军的进攻能力很弱，防守能力更糟。索尔兹伯里伯爵托马斯·蒙塔古只能设置几处堡垒——士兵们将其称为"巴士底狱"，命令将士们观察奥尔良各城门的一举一动。因为兵力有限，英军无法完全封锁奥尔良。法兰西人几次试图解奥尔良之围，但均以失败告终，其中以"鲱鱼战役"最著名。1429年2月12日，一支运送咸鱼与其他四旬斋①食的英格兰补给部队从巴黎前往奥尔良。途经鲁夫雷时，英格兰补给部队遭到太子查理军队的袭击。英军用货车排成了临时防御障碍，他们的弓箭手大发神威，轻松击退了袭击者。不过，奥尔良守城法军没有放弃抵抗。不

鲱鱼战役

① 四旬斋，也称"大斋节"，基督徒斋戒及忏悔的季节，封斋期为复活节的前四十天。

久，奥尔良守城法军用加农炮将在城下刺探军情的索尔兹伯里伯爵托马斯·蒙塔古炸死了。

"鲱鱼战役"后，太子查理感觉奥尔良有可能失守，于是只好听天由命了。但1429年初，战局出现了转机，英格兰人的好日子将一去不返。法兰西各地爱国人士对一个事实痛彻心扉：无休止的内乱将臣民分成了两个敌对的阵营，而外敌则趁虚而入，统治和蹂躏法兰西长达十五年。英格兰入侵者的人数微乎其微，如果不是有卖国贼的帮助，在法兰西根本就无法立足。而大部分

太子查理

法兰西人对奥尔良派和勃艮第派的争斗袖手旁观，任由两派自相残杀，最终两败俱伤。就这样，法兰西乡村日益荒凉，城镇开始走向衰败，深陷战争泥潭的整个国家期盼救星的到来。然而，救法兰西于危难之中的人出人意料：她就是来自洛林边境多穆雷米村的年轻女孩让娜·达克，即圣女贞德。圣女贞德从小就有很强的幻想能力和预言能力。每当想到祖国遭受苦难时，她就会陷入冥想。在冥想中，她会看到自己的守护神圣母玛利亚、天使长米迦勒①和圣凯

圣女贞德

———

① 天使长米迦勒是四大天使长之一，上帝身边的首席斗士，天使军团的最高指挥官，右手持剑、左手握秤是其标准形象。米迦勒性情勇猛果敢，虽然好战，但充满慈悲之心，是"绝对正义"的化身。

瑟琳①出现在面前。他们要求她团结所有法兰西人一起救国，并树立行动的榜样。经过几番犹豫，圣女贞德还是动身前往希农的宫廷去找心灰意冷的太子查理，商量驱赶英格兰入侵者的大计。她恳请查理太子振作起来，借助她带来的神力，一举将英格兰人赶出法兰西。冥冥之中，圣女贞德觉得自己有责任去解奥尔良之围。同时，她力劝查理太子到兰斯加冕。查理太子相信了圣女贞德的神奇预言。为了实现其政治目的，他最终同意圣女贞德率领一支远征军去完成解奥尔良之围的伟大使命。出征的圣女贞德一身骑士装扮，腰挂一把据说是在圣凯瑟琳教堂偶得的宝剑，身后还打着白色的战旗。远征军的将领起初认为圣女贞德不过是个骗子或疯子，但士兵们坚信她就是上天派来的密使，所以表现出阿让库尔战役后从未有过的高昂斗志。1429年4月30日，圣女贞德率军抵达奥尔良，随后便对奥尔良城外的英格兰工事连续发起攻击。她总是身先士卒，冲在部队的最前头。守城的法军将士深受鼓舞，与她里应外合，接连破敌。英军撤到了奥尔良附近的雅尔若和博让西。圣女贞德率军乘胜追击，一举攻克了雅尔若和博让西。1429年6月18日，圣女贞德指挥法军在帕泰击败了残余的英军与约翰·塔尔博勋爵从巴黎带来的援军。

这一系列神奇的胜仗让法兰西人信心倍增，而英格兰人怎么也想不明白他们会接连吃这么多的败仗，于是就称圣女贞德为"女巫"，说她是魔鬼派来的密使。一位当代编年史学家写道："在她带兵之前，英军两百人就能打败法军五百人。现在，法军两百人痛击英军四百人绰绰有余。"在接下来的战争阶段，法军多数时间处于攻势，而英格兰入侵者则处于守势。

帕泰大捷之后，圣女贞德护送查理太子抵达兰斯，并于1429年7月17日将查理太子送上了法兰西国王的宝座②。完成自己的使命后，圣女贞德想回乡退隐，但法王查理七世认为她对法兰西军队的影响非同一般，劝她留在军中。圣女贞德答应了查理七世的请求，并建议他立即攻打巴黎。法军虽然实施了该计

---

① 圣凯瑟琳（Sainte Catherine of Alexandria，约287—305），基督教圣人和殉教者，4世纪初著名学者。据传，圣凯瑟琳时常劝阻罗马帝国皇帝不要迫害基督徒，最终被皇帝下令斩首。天主教会传统上将圣凯瑟琳视为十四救难圣人之一。

② 即查理七世。

圣女贞德率军在奥尔良城下与英军激战

圣女贞德进入奥尔良

划，但因行动迟缓，指挥不善，最终败北。圣女贞德本人也在督战时受伤。她在军中的威信受到了一些影响。但在这个过程中，桑利斯、博韦、拉昂和苏瓦松都重归查理七世所有。由于圣女贞德的出现，英格兰人放弃了香槟和法兰西岛①的大部分地区。他们对巴黎和诺曼底的控制也受到了严重影响。

---

① 法兰西岛专指卡佩王朝早期法兰西国王所能有效控制的实际范围，包括塞纳河和卢瓦尔河中游的狭长地带，以巴黎和奥尔良为中心，只占法兰西国土面积的大约十五分之一。法兰西岛虽然四周被河流环绕，但并非真正的岛屿。

第 35 章

圣女贞德殉难

1430年春,圣女贞德又出现在了战场上,但忘恩负义的法王查理七世只给了她一支战斗力不强的部队。圣女贞德称,虽然她的征途快要结束了,但她仍然会勇敢地坚持战斗。在取得一些小胜后,她率军突破勃艮第军队的防线,进入被围攻的康比涅。在率领守城将士突围的过程中,圣女贞德从马上摔落,被敌军俘虏。勃艮第公爵腓力三世以一万克朗的价格将她卖给了英格兰人,英

围攻康比涅

格兰人随即将她囚禁起来。一向睿智公正的摄政王贝德福德伯爵兰开斯特的约翰在处置圣女贞德这件事情上毁掉了自己的声誉。他宣称，自己不会对"魔鬼的爪牙"——对圣女贞德的蔑称——有半点怜悯。在圣女贞德被关押的那段时间，英格兰人残酷虐待她，希望她能承认自己并非受上帝之命来攻打英格兰人。但圣女贞德从始至终都坚持自己的信念，她的勇气和虔诚是对狱卒的最大羞辱。最后，贝德福德伯爵兰开斯特的约翰命令博韦主教皮埃尔·科雄将她视为女巫来发落。1431年5月30日，在接受了宗教法庭的审判后，圣女贞德在鲁

博韦主教皮埃尔·科雄审问圣女贞德

圣女贞德被处以火刑

昂被处以火刑。圣女贞德殉难,英格兰人固然罪责难逃,但法王查理七世难辞其咎。法王查理七世手中有约翰·塔尔博勋爵等英格兰战俘。他虽然可以用交换战俘或以杀害对方战俘相要挟的方式让圣女贞德免遭迫害,但最终未做任何努力去解救自己曾经的救星。

圣女贞德含恨而死,但由她发起的抗英运动方兴未艾。她沉重打击了英格兰人无往不胜的自信,激发了法兰西人的爱国热情,使国内敌对的派系不计前嫌,联合起来一致对外。从圣女贞德为法兰西挺身而出的那刻起,勃艮第派便慢慢与英格兰人撇清了关系。勃艮第派知道，查理七世尽管有诸多的缺点，但坚持为法兰西的独立而战，如果继续与英格兰入侵者勾结并和查理七世作对，简直就是十恶不赦。贝德福德伯爵兰开斯特的约翰竭力与命运抗争。虽然他的军事才华能保证英军在法兰西多待上几年，但他知道，历史潮流不可逆转。勃艮第公爵腓力三世终于愿意放下杀父之仇，并与查理七世握手言和。对英格兰人来说，这是致命的打击。在1435年9月10日召开的阿拉斯会议上，勃艮第公爵腓力三世公开宣布结束与英格兰的同盟关系，并与查理七世和解。四天后，操劳一生的贝德福德伯爵兰开斯特的约翰在鲁昂逝世。在法兰西十二年时间里，他兢兢业业地操持政务，不敢有丝毫懈怠，但最终还是看到了大厦将倾的一刻。

七个月后，英格兰人在法兰西中部的最后据点——巴黎——也陷落了，贝德福德伯爵兰开斯特的约翰在法兰西多年的经营化为乌有。1446年4月，曾

阿拉斯会议

经与勃艮第派及英格兰人站在一起的巴黎市民为法兰西军队打开了城门,守城的罗伯特·威洛比勋爵带着英格兰驻军仓皇而逃。现在,英格兰人除了在吉耶纳公国、波尔多周边、诺曼底北部和曼恩部分地区还有据点,其他领地都已被法兰西收复。不过,耐人寻味的是,英格兰人竟然在这些据点又待了十六年多的时间。

百年战争最后十多年出现了两位主要人物:约翰·塔尔博勋爵和约克公爵理查德。约克公爵理查德是1415年密谋反对亨利五世的剑桥伯爵康尼斯堡的

约克公爵理查德

理查德的儿子。在阿让库尔战役中为国捐躯的约克公爵埃德蒙无后，当时还是孩子的理查德以侄子的身份继承了约克公爵之位。1425年，约克公爵理查德的舅舅马奇伯爵埃德蒙·莫蒂默去世。马奇伯爵埃德蒙·莫蒂默将爵位留给了约克公爵理查德。这样一来，约克公爵理查德就成了当时英格兰的重量级人物。因为母亲安妮·莫蒂默是爱德华三世的曾外孙女，所以约克公爵理查德自然是爱德华三世的后人。他曾两次被任命为驻法兰西英军统帅。第一次任期是1435年到1437年，第二次任期是1441年到1445年。在约克公爵理查德任期内，诺曼底公国从未失守。约克公爵理查德多次击退来犯之敌，甚至经常率军攻至巴黎城下。1437年，约克公爵理查德收复了塞纳河上的军事要塞——蓬图瓦兹，并且一直占领至1441年。不屈不挠的约翰·塔尔博勋爵四次收复蓬图瓦兹要塞。1445年，约克公爵理查德被召回英格兰，萨默塞特公爵埃德蒙·博福特接替了

萨默塞特公爵埃德蒙·博福特

他的工作。因为萨默塞特公爵埃德蒙·博福特的能力有限,所以英军在诺曼底的战斗力大打折扣,许多地方接连陷落。

其间,英格兰国内没有什么大事发生。以格洛斯特公爵兰开斯特的汉弗莱为代表的主战派与以红衣主教亨利·博福特为代表的主和派之间的较量一直没有停止。主和派认为英格兰国王应该放弃争夺法兰西王位这一不切实际的计划,以换取在法兰西保留某些领地的实际好处。格洛斯特公爵兰开斯特的汉弗莱在英格兰王室的影响力日衰。1441年,他的妻子埃莉诺·科布汉姆因对亨利六世施

亨利六世

以巫蛊之术而被判处终身监禁，他的地位更是一落千丈。格洛斯特公爵兰开斯特的汉弗莱从始至终都没有为妻子埃莉诺·科布汉姆辩护，不知是因为他内心懦弱，还是他认为妻子罪有应得。

主战派暂时失去话语权后，英法两国于1444年展开了一系列和平谈判。亨利六世现已成年，人们原以为，摆脱摄政顾问团的国王将会开启一个新的时代。但亨利六世本人渴望和平，希望通过迎娶一位法兰西公主的方式来确保英法两国长久和平。亨利六世的父亲亨利五世拥有英雄般的气概，他的祖父亨利四世拥有非凡的谋略，但亨利六世本人是英格兰有史以来最懦弱的国王。他善良温和但缺少必要的决断能力，内心充满美好愿望但缺乏付诸实践的果敢。他温顺谦逊，做决定时总会受别人意见左右。结果，最终的决定往往背离初衷。亨利六世未到中年就早早表现出与当年的外祖父法王查理六世一样的精神病症状。每当疾病发作，他就要离开宫廷去外面休养一阵子，病情有时好几个月不见好转。亨利六世是一位善良的君主，英格兰人也热爱这位虔诚而单纯的国王，但对他在治国理政方面的表现大失所望。事实上，亨利六世不过是实际控制王室的代言人而已。

亨利六世到底软弱到什么程度，我们不得而知。1444年，亨利六世让主和派红衣主教亨利·博福特麾下的萨福克伯爵威廉·德·拉·波尔与法兰西人签署了《图尔休战协定》。根据《图尔休战协定》，英格兰保住了波尔多周边和诺曼底公国的领地，但放弃了曼恩及其他一些边远地区。同时，亨利六世迎娶了法王查理七世的王后安茹的玛丽的侄女安茹的玛格丽特，玛格丽特的父亲安茹公爵勒内一世是那不勒斯名义上的国王。不过，萨福克伯爵威廉·德·拉·波尔签署的《图尔休战协定》对英格兰而言不太公平。英格兰让出了那么多土地，换回的只是一份不置可否的空头和约，亨利六世迎娶安茹的玛格丽特时也没得到任何嫁妆。

《图尔休战协定》的细节披露后，格洛斯特公爵兰开斯特的汉弗莱带头反对将曼恩割让给法兰西的决定。他的观点得到了许多萨福克伯爵威廉·德·拉·波尔和红衣主教亨利·博福特反对者的支持。年轻的王后安茹的

埃莉诺·科布汉姆的忏悔

玛格丽特对此非常不满。安茹的玛格丽特是一位充满活力、能力非凡的女人，她很快就学会了控制性格温顺的丈夫，大胆使用自己的权力。她活跃在英格兰政坛上，与格洛斯特公爵兰开斯特的汉弗莱一派展开了激烈的斗争，成了主和派的领袖。在1447年2月的伯里议会上，王后安茹的玛格丽特和萨福克伯爵威廉·德·拉·波尔策划了一场针对格洛斯特公爵兰开斯特的汉弗莱的一场政变。格洛斯特公爵兰开斯特的汉弗莱被捕入狱不久便死去了。虽然人们怀疑王后安茹的玛格丽特做了什么手脚，但更加可信的是，格洛斯特公爵兰开斯特的汉弗莱因激动引发中风而亡。五周后，格洛斯特公爵兰开斯特的汉弗莱的宿敌——几年前从政坛隐退的红衣主教亨利·博福特也撒手人寰。

现在，英格兰朝政基本上由萨福克伯爵威廉·德·拉·波尔、王后安茹的玛格丽特和萨默塞特公爵埃德蒙·博福特三人打理，他们可以随心所欲地以国王

安茹的玛格丽特

的名义发号施令。现在，反对派领导人是约克公爵理查德，他比格洛斯特公爵兰开斯特的汉弗莱有能力。约克公爵理查德对自己在诺曼底开创的事业被萨默塞特公爵埃德蒙·博福特接手一事一直耿耿于怀。英格兰政府虽然不惜一切代价，想将临时性休战变为永久性和平，但一直无法实现。更糟糕的是，英格兰政府竟然没有管好远在诺曼底的英军。萨默塞特公爵埃德蒙·博福特离开诺曼底时，没有支付部分将士的军饷。于是，这些人便发动了叛乱，并于1449年3月袭击了布列塔尼的一些地区。这就为法兰西人重新开启法英战争提供了借口。

诺曼底被法兰西人迅速攻陷，英格兰政府的无序管理暴露无遗。在不到一年的时间里，萨默塞特公爵埃德蒙·博福特就将约克公爵理查德和约翰·塔尔博勋爵经过长期辛苦奋斗才保住的公国葬送了。1450年4月15日，一支从南安普顿赶来的英格兰援军在福尔米尼战役中被消灭。四个月后，英格兰在诺曼

福尔米尼战役

第35章 圣女贞德殉难 | 259

底的最后一个据点瑟堡向法兰西投降。这时,除了加来,英格兰在法兰西北部的所有领地全部沦陷。

萨默塞特公爵埃德蒙·博福特丢掉诺曼底一事在英格兰引起了民愤,该事件标志着英格兰即将进入一个新的历史时期。对外战争尚未结束,英格兰又将迎来内战——玫瑰战争。

第 12 卷

玫瑰战争

1450—1464

第 36 章

凯德起义

当诺曼底刚开始沦陷时，对法战争的失利只是激起了人们对英格兰大臣的不满。不过，人们并未感觉到英法战争给英格兰带来了多大的负担，毕竟战争经费主要源自法兰西，英格兰议会的拨款少之又少。战争需要的兵力虽然较大，但主要依靠志愿兵和雇佣军。英格兰王室大臣早已放弃了征服整个法兰西的梦想。只要能在海峡对面拥有广阔的立足之地，他们就很满足了。但至于如何保住立足之地，他们并未仔细考虑过。尽管英格兰人普遍认为政府存在许多管理问题或失当之处，也一直在抱怨，但真正集中爆发的民愤还没有出现过。当然，反对派领导人格洛斯特公爵兰开斯特的汉弗莱行事冲动，声名狼藉，这也在一定程度上削弱了反对派对王室大臣批评的份量。

然而，目前的情况大不相同了。诺曼底公国在短短几个月内就被法兰西完全收复了，这对整个英格兰而言简直就是晴天霹雳。此外，反对派现在的领导人变成了约克公爵理查德，他才华横溢，深得民心。格洛斯特公爵兰开斯特的汉弗莱死后，约克公爵理查德成了与国王关系最近的亲属。民众普遍认为他应该主政英格兰。再者，亨利六世虽然已经结婚五年，但一直没有子嗣，如果他膝下无子，英格兰的王位将由约克公爵理查德继承。正因如此，约克公爵理查德及其追随者一直对他长期被排斥在决策层之外耿耿于怀。1448 年，约克公爵理查德甚至被王室派往爱尔兰任总督，任期长达十年。这其实是变相的流放。但约克公爵理查德还是兢兢业业地履行了职责,成为优秀的爱尔兰总督之一。他和家人深受爱尔兰人拥戴。

约克公爵理查德不仅受民众拥戴,而且受到不少贵族的支持。他是剑桥伯爵康尼斯堡的理查德与第二任妻子马奇伯爵埃德蒙·德·莫蒂默的姐姐安妮·莫蒂默的儿子。约克公爵理查德因此成了英格兰最显赫的贵族之一。他娶了当时英格兰最大家族——内维尔家族——的西塞莉·内维尔为妻。西塞莉·内维尔的哥哥索尔兹伯里伯爵理查德·内维尔与侄子沃里克伯爵理查

西塞莉·内维尔

沃里克伯爵理查德·内维尔

德·内维尔①——后来成为著名的"造王者"——都是约克公爵理查德的忠实支持者。支持约克公爵理查德的另外三位内维尔家族的贵族分别是阿伯加文尼勋爵爱德华·内维尔、拉蒂默勋爵乔治·内维尔和福康伯格勋爵威廉·内维尔。约克公爵理查德另一位坚定的支持者是诺福克公爵约翰·莫布雷。约翰·莫布雷是约克公爵理查德妻子西塞莉·内维尔的外甥。不过，诺福克公爵约翰·莫布雷反对王党派的主要原因是他与兰开斯特家族有世仇——他的叔叔

---

① 年长的理查德·内维尔娶了1400年去世的罗拉德派索尔兹伯里伯爵的孙女艾丽斯，继承了索尔兹伯里伯爵头衔；年轻的理查德·内维尔则娶了沃里克继承人安妮，因此获得了英格兰西中部和南部威尔士边境的众多领地。

第 36 章 凯德起义 | 265

诺丁汉伯爵托马斯·莫布雷于1405年在约克被亨利四世处死，而与他同名的祖父诺丁汉伯爵托马斯·莫布雷则是当年在考文垂与亨利四世决斗的人。此外，还有三四个小家族分别跟内维尔家族、莫布雷家族联盟。于是，一个以约克公爵理查德为中心超级强大的派系形成了。一百多年以来，英格兰的贵族数量一直在减少，现在上议院的贵族议员只有三四十名。1450年，所有贵族议员基本上都来自爱德华二世和爱德华三世统治时期的三四个大家族。因此，有十多个贵族可以归入少数几个家族，他们现在占英格兰贵族数量的三分之一。莫蒂默家族、莫布雷家族和内维尔家族的庄园几乎遍布英格兰，都可以为约克公爵理查德的事业提供支持。

在被英格兰王室派排挤到爱尔兰出任总督之前，没有证据表明约克公爵理查德参与了反叛的密谋。亨利六世未成年时，约克公爵理查德一直效忠国王、奉公守法。后来，国内的民意让他开始有了想法——他应该在治国理政方面出力，充分发挥英格兰王室高贵血统的影响力。如果亨利六世治国有方，可以控制权臣而不是受权臣控制，那么约克公爵理查德是不会干政的。他一生都是个谨慎而温和的人，但在屡次遭到主教亨利·博福特、萨默塞特公爵埃德蒙·博福特、萨福克伯爵威廉·德·拉·波尔和王后安茹的玛格丽特等王室权贵的打压无法施展才能的情况下，性格再好的人也会有所改变。

诺曼底失陷后，英格兰人的不满情绪爆发了，一直持续了二三十年。这种不满主要针对国王身边的权臣，不满情绪在南部各郡更盛。1450年1月，在福尔米尼战役①前，一群哗变的士兵在朴茨茅斯用石头砸死了枢密院掌玺大臣奇切斯特主教亚当·莫伦斯。两个月后，议会根据民意弹劾了萨福克伯爵威廉·德·拉·波尔。胆小怕事的亨利六世让萨福克伯爵威廉·德·拉·波尔到国外避避风头。1450年5月2日，在乘船逃往佛兰德斯的途中，萨福克伯爵威廉·德·拉·波尔被一些来自伦敦的船截住，继而惨遭杀害。这次行动的主谋是谁一直是个谜。

---

① 1450年4月25日，一支英格兰大军渡过英吉利海峡，前往增援在欧洲大陆上作战的英军，但刚在福尔米尼登陆就遭到了法兰西军队的猛烈攻击，几乎全军覆没。此役过后，英格兰几乎结束了在法兰西北部的统治。

萨福克伯爵威廉·德·拉·波尔被杀害

如果王后安茹的玛格丽特和萨默塞特公爵埃德蒙·博福特认为萨福克伯爵威廉·德·拉·波尔之死能平息民愤，那他们就大错特错了，民众的积怨远未结束。1450年6月，英格兰的许多地方爆发了骚乱：国王的御用牧师索尔兹伯里主教威廉·艾斯库在自己的教区被闹事者杀害。苏塞克斯郡和诺福克郡发生了起义，但肯特郡的起义影响最大。一位曾经跟随约克公爵理查德征战法兰西和爱尔兰的士兵约翰·艾尔默——又称"凯德"——是起义的组织者。他自称是莫蒂默家族的后人，约克公爵理查德的远亲。他宣称，之所以发动起义，是因为要替约克公爵理查德鸣不平。1450年7月3日，凯德率领肯特郡的起义军

约翰·艾尔默

凯德率领起义军攻入伦敦

击败前来镇压的王党军,然后杀入了伦敦。伦敦市民纷纷参加起义军。几天之内,起义军便控制了伦敦的所有街道。落入凯德手里被处决的高官有财政大臣萨伊勋爵詹姆斯·费因斯和肯特郡行政长官克罗米尔。但凯德率领的起义者很快就失控了,他们甚至开始劫掠普通百姓。于是,许多市民和伦敦塔的驻军联手,誓将他们赶出伦敦。在得到王室的赦免承诺后,肯特郡的起义军就解散了,但凯德拒绝解除武装,最后在躲避王党军追杀的途中被杀。

伦敦市民纷纷加入起义军

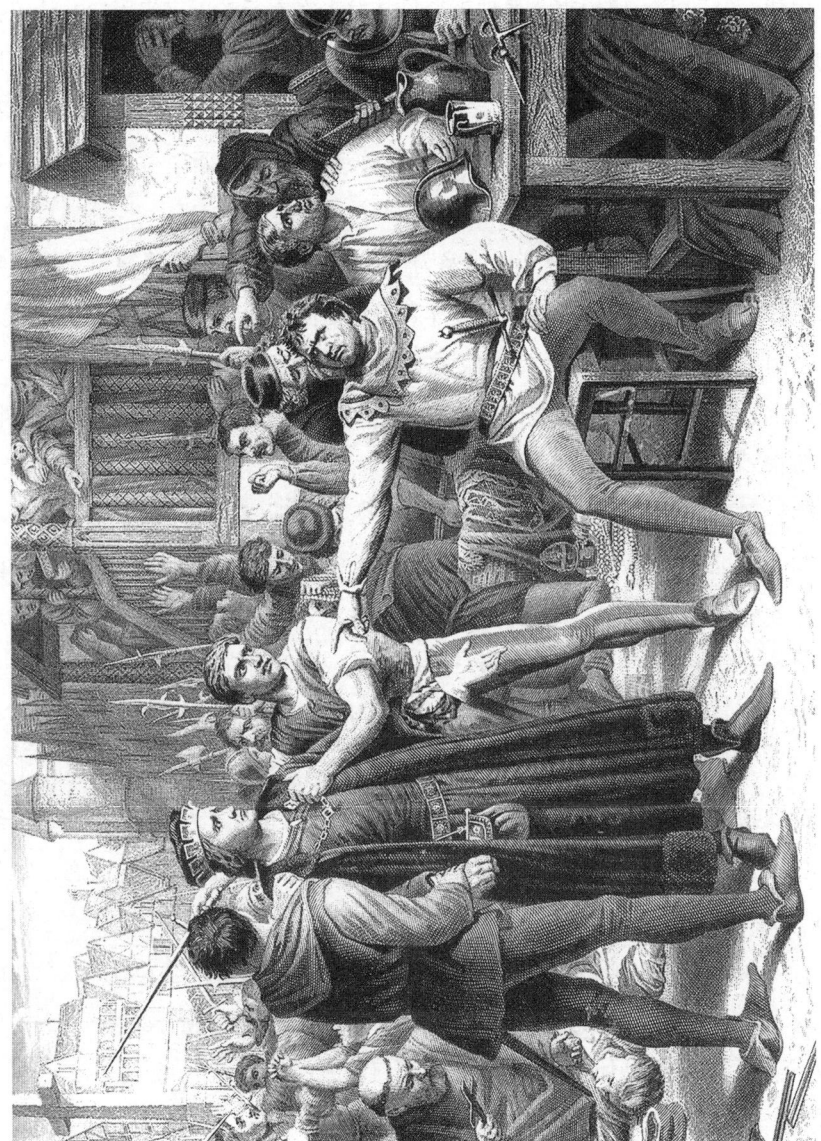

萨伊勋爵詹姆斯·费因斯被杀害

约克公爵理查德听说英格兰爆发骚乱后，连忙离开都柏林，横渡圣乔治海峡，赶回了国内。他刚一上岸，众多支持者便蜂拥而至，团结在他的周围。新的内战一触即发。但约克公爵理查德只是发表宣言反对王室权臣，并让议会中的支持者向他们发动政治攻击。占下议院多数的约克派议员向亨利六世请愿，要求解除萨默塞特公爵埃德蒙·博福特及其党羽的职务。亨利六世是博福特家族的傀儡，当然不会同意。提议让约克公爵理查德继承王位的布里斯托尔议员托马斯·扬则被关进了伦敦塔。

约克公爵理查德仍然没有诉诸暴力。如果萨默塞特公爵埃德蒙·博福特还做了什么让英格兰蒙羞的事，那就非阿基坦沦陷莫属了。1451年，法兰西人攻入了阿基坦，而疲于应付内乱的英格兰完全忘记了阿基坦的存在。虽然加斯科涅人全力抵抗，但他们的城市仍在法兰西人炮火的轰炸下接连失守。而英格兰政府根本无暇派兵前往援救。1451年6月，波尔多失守；1451年10月，巴约纳沦陷。现在，亨利六世从先王那里继承的大陆领地就只剩下加来了。

阿基坦的沦陷终于让约克公爵理查德忍无可忍了。他将自己的部队、内维尔家族的部队和莫布雷家族的部队全部集结，然后浩浩荡荡开赴伦敦。亨利六世率领一支人数更多的大军在肯特郡的达特福德拦住了约克公爵理查德的去路。在随后的谈判中，亨利六世承诺会开除目前的政府顾问，改变政府管理的方式。于是，约克公爵理查德解散了自己的军队，结果不久就发现自己上当了。萨默塞特公爵埃德蒙·博福特又出现在亨利六世的身边！1452年3月，约克公爵理查德被捕，在承诺今后不再动武后获释。他一直强忍着愤怒，直到1455年还在恪守诺言。

百年战争即将上演最后一场战役。曾臣服英格兰的加斯科涅人遭到法兰西统治者的无情压迫，1452年夏发动了起义。约翰·塔尔博勋爵率领一支四五千人的部队，从英格兰赶来援助加斯科涅人。在加斯科涅人的帮助下，约翰·塔尔博收复了波尔多及其周边地区，整个冬天都牢牢地控制着这一地区。1453年夏，法兰西大军入侵阿基坦，围攻卡斯蒂永。英勇的约翰·塔尔博急忙前去救援，打算撕开法兰西人的封锁线。和英格兰人传统的作战方式不同，约翰·塔尔博将队伍列成纵

围攻卡斯蒂永

队，沿壕沟向法军的阵地发起进攻。1453年7月17日，英格兰的先头部队遭到了法军的炮轰，约翰·塔尔博本人阵亡。经过一番激战，英格兰和加斯科涅人全军覆没。卡斯蒂永战役直接决定了阿基坦的命运。因为萨默塞特公爵埃德蒙·博福特再也派不出援军了。在死守十周之后，波尔多守军于1453年10月放弃了抵抗。

第37章

第一次圣奥尔本斯战役

卡斯蒂永战役（很长一段时间后英格兰国内才得知战役结果）结束几天后，亨利六世第一次精神病发作，据说他是被突发事件吓的。整整十八个月，亨利六世一直处于一种浑浑噩噩近乎白痴的状态，就连最基本的王室职能也无法履行了。其实，从各方面来讲，这都是一件好事，如果亨利六世一直都不康复，那么英格兰多年的麻烦也就可以避免了。不久，议会举行会议，委任约克公爵理查德为护国公，将萨默塞特公爵埃德蒙·博福特定罪后关进了伦敦塔。但就在亨利六世患病三个月后，婚后九年都未育的王后突然产下一子，这彻底改变了英格兰的政治走向，约克公爵理查德将失去英格兰的王位继承权。然而，约克公爵理查德表现得非常坦然，承认了襁褓中的王子为英格兰王位的继承人，也愿意为他效忠。在担任护国公一年多时间里，他一直尽力维持着国内良好的秩序。法兰西战争的结果已经无法改变，随着波尔多第二次沦陷，英格兰在阿基坦拥有一席之地的希望破灭了。

1454年到1455年的冬天，亨利六世突然恢复了理智。他刚一康复，王后安茹的玛格丽特就让他将萨默塞特公爵埃德蒙·博福特释放出狱。几周后，约克公爵理查德及其朋友均被解职，这些职位又安排给了博福特家族的人。随后，亨利六世召集议会到莱斯特开会，会议决定推翻约克公爵理查德摄政时制定的所有政策。约克公爵理查德终于没有忍住自己的脾气。他发表了一份宣言称，作为政府大臣的萨默塞特公爵埃德蒙·博福特不仅不称职，而且是卖国贼。接着，他集结部队，反抗王党军。1455年5月22日，亨利六世率领部队自伦敦前往米德兰兹，途经圣奥尔本斯时遭到约克公爵理查德所率部队的袭击。双方拔刀相向，最终约克公爵理查德一方获胜。胜利一方的主要功臣是年轻的沃里克伯爵理查德·内维尔，他率先突破了敌人的防御。萨默塞特公爵埃德蒙·博福特与部分贵族党羽被杀，亨利六世也做了俘虏。

这虽然不过是一场小规模冲突，双方战斗人员均未超过两千，丧生者也不过几十人，但为一场疯狂血腥的拉锯式内战拉开了序幕，英格兰半数以上的贵族将在这场内战中倒下。这场战争就是著名的"玫瑰战争"，即以白玫瑰为家徽的约克家族与以红玫瑰为家徽的兰开斯特家族为争夺英格兰王位而起的内斗。

起初，圣奥尔本斯战役看似有可能改变英格兰政府大臣的构成，这也是全国大多数百姓期盼已久的事情。约克公爵理查德对被俘的亨利六世以礼相待，同时恢复了自己与朋友们的官职。深受刺激的亨利六世又犯了精神病，卧病在床好几个月，无法理政。不过，约克公爵理查德的权力只维持了一年多的时间。1456年10月，亨利六世的神智又恢复了正常。在王后安茹的玛格丽特的蛊惑下，他解除了约克派所有大臣的职务。王后安茹的玛格丽特则取代萨默塞特公爵埃德蒙·博福特成了王党派的领袖。

接下来的三年（1456—1459），英格兰两大派系之间的明争暗斗持续不断。双方都在为不可避免的战争做准备，因为圣奥尔本斯战役已使和解变成了一种奢望，接下来必定是你死我活的搏斗。约克公爵理查德认为，如果总受制于王后安茹的玛格丽特的意志，他自己不会再有出头之日。于是，当再次被迫拿起武器反抗时，约克公爵理查德便决定要保住自己的地位。而王后安茹的玛格丽特则意识到，如果在即将到来的斗争中失败，她年幼的儿子要继承英格兰王位将会遇到诸多麻烦。安茹的玛格丽特决心为儿子日后的权力死战。她竭力将其他与约克家族、内维尔家族和莫布雷家族没有宗亲或盟约关系的贵族都拉拢到兰开斯特一派中来。除了在圣奥尔本斯战役中丧生的萨默塞特公爵埃德

第一次圣奥尔本斯战役

蒙·博福特的儿子亨利·博福特领导的博福特家族，王后安茹的玛格丽特能依靠的贵族还有北方的珀西家族（内维尔家族的老对手）、西部以德文伯爵托马斯·德·考特尼为首的考特尼家族、白金汉公爵汉弗莱·斯塔福德、埃克塞特公爵亨利·霍兰德、牛津伯爵约翰·德·维尔、约翰·塔尔博勋爵，以及一大批其他贵族。这些贵族个人实力虽不是很强，但在人数上远超支持约克公爵理查德的贵族。

整个1458年，约克派和兰开斯特派都在暗中蓄积力量，准备一决高下。1459年夏，王后安茹的玛格丽特开始以亨利六世的名义下达军令，要求王党将士随时待命参加战斗，并勒令所有约克派领导人亲自到国王面前投降。正是这一要求最终引发了战争。1459年9月，约克公爵理查德在威尔士边境莫蒂默家族的土地上竖起了反抗王室的大旗。索尔兹伯里伯爵理查德·内维尔率领约

白金汉公爵汉弗莱·斯塔福德

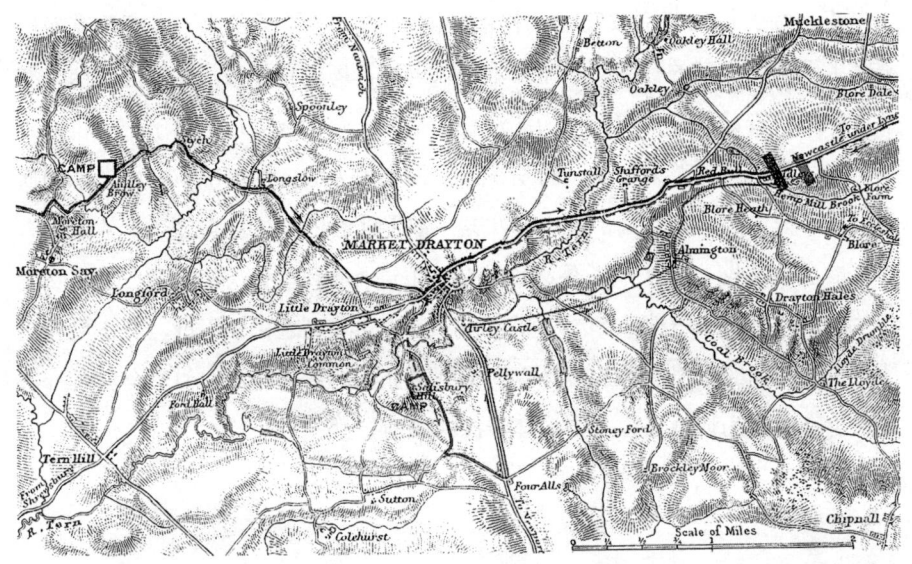

布洛希思战役示意图

克郡北部的佃农揭竿而起，年轻的沃里克伯爵理查德·内维尔率众从加来赶来支援父亲。内维尔父子率领各自的人马向西挺进，准备与约克公爵理查德会合。沃里克伯爵理查德·内维尔的部队顺利到达，但索尔兹伯里伯爵理查德·内维尔的部队在布洛希思遭到了柴郡和斯塔福德郡的王党军队的阻击，经过一番惨烈的战斗后才抵达目的地。但伦敦和东部各地众多的约克派支持者尚未来得及与首领的大军会合，战争便已尘埃落定。这次，亨利六世表现出了少有的果敢与坚决，亲自率领英格兰中部的王党军向叛军聚集的勒德洛挺进。两军在卢德福隔泰梅河对峙，一场大规模的战斗一触即发。不过，在看到王党军人数远远超出他们的人数，并且率领王党军与他们作战的就是英格兰一国之君时，约克公爵理查德的将士大都不免有所顾忌。现在他们不是跟萨福克伯爵威廉·德·拉·波尔或萨默塞特公爵埃德蒙·博福特对决，而是跟英格兰国王对决！当亨利六世率军渡过泰梅河向约克公爵理查德的营地发起进攻时，叛军没有反抗便撤退了，兰开斯特派不战而胜。约克公爵理查德逃往爱尔兰，受到了爱尔兰人的热烈欢迎；内维尔父子乘渔船逃到加来，加来的驻军全部归顺了曾长期担任他们总督的沃里克伯爵理查德·内维尔。

卢德福大捷让王后安茹的玛格丽特站到了正义的制高点上，而约克派则被贴上了武装叛乱的标签。王党军本可以再接再厉一举摧毁叛军最后的两个据点，但王后安茹的玛格丽特作为统治者还是缺乏政治远见，走错了一步棋。她不是一鼓作气彻底结束战争，而是在没有彻底消灭敌人的情况下开始考虑如何去处置部分人员。约克公爵理查德及其主要追随者的爵位均被剥夺，他们拥有的领地全被没收。虽然一些不太重要的叛乱分子遭到了处决，但身在加来和爱尔兰的主要首领未被诛杀。约克派获得了宝贵的喘息之机。不过，英格兰人仍然对王后安茹的玛格丽特的残暴行为感到震惊，她曾下令对纽伯里全城进行屠杀、掠夺，因为该城是约克公爵理查德的属地。

第38章

第二次圣奥尔本斯战役

1460年6月,约克派的杰出领袖沃里克伯爵理查德·内维尔率领几百名加来的随从渡过海峡在桑维奇登陆。肯特郡的人们立即拿起武器加入了理查德·内维尔的部队。伦敦市民为沃里克伯爵理查德·内维尔的部队打开了城门,而守军待在伦敦塔里没敢出来;约克公爵理查德的表弟鲍彻大主教率领东

鲍彻大主教

部各地的部队加入了沃里克伯爵理查德·内维尔的队伍。惊慌之中的王后安茹的玛格丽特连忙召集北安普顿郡米德兰地区的王党军，王党军马上修筑起坚固的防御工事。但沃里克伯爵理查德·内维尔率军很快便从伦敦杀过来，摧毁了王党军的防御工事，并大败王党军。1460年7月10日，亨利六世被俘，他的两位战将白金汉公爵汉弗莱·斯塔福德和约翰·塔尔博勋爵被杀。王后安茹的玛格丽特带着幼子逃往北方，暂时在诺森伯兰伯爵亨利·珀西那里避难。

约克公爵理查德从爱尔兰赶过来有些晚，虽然没能与内侄沃里克伯爵理查德·内维尔共同庆祝胜利，但胜利夺回了自己的土地。他召集议会前来议事，约克派议员就英格兰王国的统治方式展开了热烈的辩论。保留亨利六世的王位并让约克公爵理查德担任护国公的做法已经两度遭遇失败。约克公爵理查德的许多谋士认为他现在可以直接替换亨利六世做英格兰国王，因为从严格意义的王权世袭制讲，马奇家族和克拉伦斯家族的顺位要明显高于兰开斯特家族。约克公爵理查德本人倾向于这种选择，但沃里克伯爵理查德·内维尔及内

北安普顿战役

维尔家族的人认为不能采取这种过激的做法。他们认为，应该宣布约克公爵理查德为终身护国公，并有继承王位的权利，而亨利六世只要活着，就应该是名义上的统治者。虔诚的亨利六世本人并不遭人反感，没有人希望他患病，但必须剥夺他儿子爱德华的王位继承权，以杜绝王后安茹的玛格丽特再来干政。议会最终同意了这一提议。该提议与有关法兰西王位继承的《特鲁瓦和约》内容如出一辙。

约克公爵理查德担任终身护国公一职后，就不得不去征服那些不服从他的地方了。威尔士就有都铎父子反抗他的统治：欧文·都铎实际上是亨利六世

欧文·都铎

的继父，贾斯珀·都铎则是他同母异父的弟弟。约克公爵理查德派自己十八岁的长子马奇伯爵爱德华率军前往威尔士攻打都铎父子。马奇伯爵爱德华曾在北安普顿战场上有过不俗表现。约克公爵理查德本人及其内弟索尔兹伯里伯爵理查德·内维尔则率军远征北方地区。北方地区是兰开斯特家族控制的势力范围。事实上，除了北雷丁的内维尔家族庄园外，约克派系在亨伯尔以北地区几乎没有任何影响力。王后安茹的玛格丽特、年轻的萨默塞特公爵埃德蒙·博福特和珀西父子在北方集结了一支庞大的军队，随时准备投入战斗。约克公爵理查德低估了王党军的兵力，高估了北安普顿战役失败对王党军士气的影响。在

马奇伯爵爱德华

埃德蒙被杀害

自己的兵力只有王党军三分之一的情况下,他贸然与王党军在韦克菲尔德展开了阵地战。结果,约克公爵理查德的军队陷入了王党军的包围,全军覆没,索尔兹伯里伯爵理查德·内维尔、约克公爵理查德及其次子十六岁的埃德蒙被俘后惨遭杀害。1460年12月30日,三人的头颅被挂在了约克城的城墙上。

　　残杀俘虏并将尸体肢解是战争进行到现在为止发生过的最严重的暴行。这一暴行使内战的双方结下了不共戴天之仇,约克公爵理查德和索尔兹伯里伯爵理查德·内维尔的后人发誓要以牙还牙。从前,他们一直优待俘虏,但现在父辈的悲惨遭遇使他们变得心狠手辣,对敌人痛下杀手。

韦克菲尔德大捷后，兰开斯特家族大军从四面八方聚集到王后安茹的玛格丽特身边，在她的率领下浩浩荡荡向伦敦进发。父亲和姑父战死后，沃里克伯爵理查德·内维尔接过了抗击王党军的重任。因为年轻的马奇伯爵爱德华尚未成名，所以沃里克伯爵理查德·内维尔自然就成了约克派的首领。沃里克伯爵理查德·内维尔率领伦敦、肯特郡和东部各郡的约克派人马在圣奥尔本斯摆开阵势，准备迎战来犯的王党军。1461年2月17日，战斗打响，王党军士气如虹，再次获胜。约克军兵败如山倒，向西逃去，给王党军留出了通往伦敦的大道。亨利六世被解救出来。为给亨利六世压惊并庆祝胜利，王后安茹的玛格丽特处决了两名被俘的约克派主将。

　　看到攻克伦敦指日可待，获胜的王党军竟然浪费了八天时间在讨论受降条件。延误战机的后果不堪设想，伦敦竟然有救了。1461年2月2日，马奇伯爵爱德华在莫蒂默十字战役①中击败了威尔士都铎家族的叛军。获悉沃里克伯爵理查德·内维尔在圣奥尔本斯战役中失利的消息后，马奇伯爵爱德华马上率军赶赴伦敦，在奇平诺顿遇上了沃里克伯爵理查德·内维尔的部队。经过短暂讨论后，他们决定赶往伦敦。如果伦敦尚未失守，他们就率军冲入城内。他们一路急行军。就在守城者准备投降的1461年2月26日，他们率军冲入了伦敦城内。城内多出了一万两千名约克派士兵后，伦敦市民决定将守城到底。王后安茹的玛格丽特没打算围城。王党军对未能进入伦敦掠夺非常不满，打算带着掠夺来的战利品打道回府。经过一番考虑后，王党军决定先退回北方补充兵力，然后再克敌制胜。向北撤往约克郡时，王党军对沿途乡村烧杀掠夺，其残暴行径令人发指。

　　王党军的残暴行径让英格兰中部地区的百姓忍无可忍。英格兰中部地区的百姓突然开始支持起内战中的约克派。英格兰中部地区的百姓本来一直保持中立的态度，但受到蹂躏后，他们坚定地加入了马奇伯爵爱德华和沃里克伯爵理查德·内维尔的阵营。追随者们拥立马奇伯爵爱德华为王——史称"爱德华

---

① 英格兰玫瑰战争中一场重要的战役。莫蒂默十字是威尔士向东进入英格兰的交通要道，罗马时代已存在的南北主干道也交会于此。1461年2月2日，马奇伯爵爱德华率约克家族军队在此击败了由彭布罗克伯爵欧文·都铎率领的兰开斯特家族军队。

第二次圣奥尔本斯战役

四世",希望跟着他开创新的事业。马奇伯爵爱德华本人也以克拉伦斯的莱昂内尔的继承人身份声称自己为英格兰国王,根本无视兰开斯特王朝的存在。爱德华四世宣称自己的统治从1461年3月开始,虽然直到1461年11月他的国王身份才得到议会的认可。这样一来,王权世袭论就战胜了议会决定论,而之前的兰开斯特家族是靠议会的决定才获得英格兰王位的。

第 39 章

陶顿战役与北方战争

沃里克伯爵理查德·内维尔和爱德华四世只休整了短短几天,便率军追赶撤向约克郡的王党军。途中东中部大批百姓加入了他们的远征大军。1461年3月28日,他们发现了艾尔河对面的王党军。在费里布里奇突破王党军的防线后,约克军穿过小溪,冲向了陶顿山坡上王后安茹的玛格丽特率领的部队。

费里布里奇战役

1461年3月29日是棕树节①，玫瑰战争中最血腥的一场战斗上演了。双方投入了众多兵力，当代史学家认为王党军六万人，而约克军四万五千人。不过，这一数字不太可信。约克军冒着暴风雪爬上山坡，逼近王党军。一阵弓箭对射后，双方挥舞刀剑斧头展开了肉搏。战斗持续了好几个小时。傍晚时分，诺福克公爵约翰·莫布雷从侧翼向王党军进攻，取得了胜利。王党军落荒而逃。除

陶顿战役中的沃里克伯爵理查德·内维尔

---

① 棕树节是耶稣为完成上帝的旨意，应验先知的预言，骑驴进入耶路撒冷前，人们手持棕树枝夹道欢迎，将衣服铺在地上，迎接耶稣进城的礼拜日，也是基督教圣周即受难周的开始。每年的棕树节为复活节前的礼拜天。

陶顿战役

了逃跑过程中被杀死的士兵,还有众多士兵掉入了阵地后面的考克河溺亡。这简直就是一场大屠杀,贵族和骑士更容易遭到屠戮,因为他们身披沉重的盔甲,不便逃脱。诺森伯兰伯爵亨利·珀西及其他四位贵族被杀,而德文伯爵托马斯·德·考特尼、威尔特伯爵詹姆斯·巴特勒及众多在逃跑时被抓的骑士和将领统统被处死。这是对韦克菲尔德战役后索尔兹伯里伯爵理查德·内维尔和约克公爵理查德及其次子埃德蒙的惨死而做出的报复行为。

得知战斗结果后,王后安茹的玛格丽特马上带着亨利六世和儿子从约克郡逃到了苏格兰。陪伴王后安茹的玛格丽特的是年轻的萨默塞特公爵埃德蒙·博福特,他是战斗过后兰开斯特家族唯一幸存下来的重要人物。兰开斯特家族被彻底击垮了,再难恢复元气了,尽管其残余势力在威尔士和苏格兰边境坚持了近三年的时间,但再也无法撼动爱德华四世的地位了。事实上,从陶顿战役后,缇斯河以南的英格兰就没有内乱了。

诺森伯兰郡之所以有战斗发生，一方面是因为王后安茹的玛格丽特不甘心失败，另一方面是因为珀西家族及其他北方贵族家族对内维尔家族怀有强烈仇恨。安茹的玛格丽特将贝里克割让给了苏格兰国王詹姆斯三世，换来了苏格兰的援助。她还跑到法兰西，承诺将加来还给法兰西，想从吝啬的法王路易十一那里榨出点钱来。不过，她所有的努力都是徒劳的。1462年，阿尼克和班姆这两座诺森伯兰郡的要塞被沃里克伯爵理查德·内维尔攻陷。虽然王后安茹的玛格丽特在法兰西军队的帮助下又收复了这两座要塞，但导致了第二次灾难。1463年，沃里克伯爵理查德·内维尔带着大炮攻了过来，将两座要塞炸成了碎片。苏格兰人厌倦了战争，法王路易十一发现得不到加来后，不再向王后安茹的玛格丽特提供援助了。在1464年4月15日的黑吉利荒原战役和1464年5月13日的赫克瑟姆战役中，兰开斯特家族最后两次疯狂反扑失败了。王后派系的几位首领都被沃里克伯爵理查德·内维尔俘虏了，在萨默塞特公爵埃德蒙·博福特、托马斯·德·罗斯勋爵和罗伯特·亨格福德勋爵被处死后，兰开斯特派系的长期抵抗彻底瓦解。最后，英格兰已经无人不向爱德华四世及其摄政大臣沃里克伯爵理查德·内维尔俯首称臣了。颠沛流离的亨利六世最终被抓住关进了伦敦塔，在那里度过了抑郁伤感的六年。

第 13 卷

造王者沃里克伯爵理查德·内维尔和爱德华四世

1464—1483

第 40 章

爱德华四世与内维尔家族之争

虽然与兰开斯特残余势力的斗争仍未结束，但治理英格兰的工作已经由内维尔家族接手了。"造王者"沃里克伯爵理查德·内维尔既是内维尔家族的代表，又是目前该家族最有能力的人，他一直都是爱德华四世军队的统帅；沃里克伯爵理查德·内维尔的弟弟约克大主教乔治·内维尔是政府的财政大臣；另一个弟弟蒙塔古勋爵约翰·内维尔是爱德华四世的枢密顾问，曾成功指挥了赫克瑟姆战役和黑吉利荒原战役。法尔康伯格勋爵威廉·内维尔因在陶顿战役中的优异表现而被封为肯特伯爵。内维尔家族中还有另外几个位高权重的人为爱德华四世服务。内维尔家族是约克派的主要力量，身居要职的家族成员当然认为他们有权获得丰厚的回报。如果爱德华四世是一位软弱的国王，内维尔家族对英格兰的实际统治可能会一直持续下去。然而，年轻的爱德华四世不甘心做傀儡。他能力非凡、固执己见、自私自利、忘恩负义，根本不可能沦为外戚的工具。在与兰开斯特家族斗争时，爱德华四世对沃里克伯爵理查德·内维尔兄弟们的鼎力相助非常满意。现在，王位坐稳了，他想完全按自己的意愿来统治英格兰。他有这样的能力：在莫蒂默十字战役和陶顿战役中，他就是一名优秀的斗士，头脑清醒，意志坚定，从不瞻前顾后。他虽然喜欢安逸奢靡的生活，有时因此而虚度光阴，但在需要采取果断行动之时总能全身心投入，毕其功于一役，让敌人胆寒。

1464年，兰开斯特家族最后的希望在赫克瑟姆战役中破灭了，爱德华四世和内维尔家族之间的关系也出现了第一次裂痕。爱德华四世已经二十三岁了，该考虑婚姻大事了。在征得爱德华四世同意后，沃里克伯爵理查德·内维尔开始为他与法兰西王后萨伏依的夏洛特①的妹妹联姻一事展开了外交活动。内维尔家族一贯的外交政策就是与法兰西结盟，而不信任路易十一的对手勃艮第公爵大胆查理②。不过，爱德华四世突然宣布必须放弃与法兰西的联姻

萨伏依的夏洛特

---

① 萨伏依的夏洛特（Charlotte of Savoy, 1441—1483），法兰西国王路易十一的第二任妻子，萨伏依公爵路易一世之女。
② 大胆查理（Charles the Bold, 1433—1477），好人腓力三世与葡萄牙的伊莎贝拉之子，勃艮第独立公国的最后一位公爵（1467年到1477年在位），在位期间不断扩大勃艮第公国的势力，一直与法兰西国王路易十一为敌。

伊丽莎白·伍德维尔

计划，因为他已经与别人结婚了。他迷上了比自己大七岁的漂亮寡妇伊丽莎白·伍德维尔。伊丽莎白·伍德维尔是支持兰开斯特王朝的贵族里弗斯伯爵理查德·伍德维尔的女儿，伊丽莎白·伍德维尔的前夫约翰·格雷爵士是支持兰开斯特王朝的贵族，在第二次圣奥尔本斯战役中丧生。爱德华四世不顾地位差别与家族矛盾，悄悄娶了伊丽莎白·伍德维尔，并将这一秘密保守了六个月（1464年5月到1464年10月）。沃里克伯爵理查德·内维尔听闻此事后，马上终止了与路易十一的联姻谈判，对自己被爱德华四世欺骗这么久耿耿于怀。

爱德华四世不久就对王后伊丽莎白·伍德维尔的众多亲戚表现出了格外的关照，将他们安排在自己身边做官，并帮他们与富裕家族联姻。爱德华四世这样做完全是出于政治考虑，而不是真心关照贪婪成性的伍德维尔家族和格雷

爱德华四世第一次见到伊丽莎白·伍德维尔

爱德华四世与伊丽莎白·伍德维尔的婚礼

家族。他希望用这种方式聚拢一批支持自己的人，从而与飞扬跋扈的内维尔家族抗衡。出于同样的目的，他还封了一大批新贵族，以制约上议院中内维尔家族的势力。两年来，爱德华四世和沃里克伯爵理查德·内维尔没有公开决裂。但1467年6月，爱德华四世解除了乔治·内维尔的财政大臣职务，公开抛弃了沃里克伯爵理查德·内维尔的政策，政府大臣也全部换成了自己的亲信。爱德华四世做出这种调整，是他与勃艮第公爵大胆查理结盟后的结果。他还将妹妹约克的玛格丽特①许配给了勃艮第公爵大胆查理。

约克的玛格丽特

---

① 约克的玛格丽特（Margaret of York, 1446—1503），第三代约克公爵理查德之女，英格兰国王爱德华四世之妹，勃艮第公爵大胆查理的第三任妻子。

勃艮第公爵大胆查理

  这种公开与内维尔家族决裂的做法是非常不明智的，内维尔家族的势力几乎遍布整个英格兰，而且沃里克伯爵理查德·内维尔一直以来都是约克派的领袖，大多数约克派成员都听从他而非爱德华四世的指挥。此外，伍德维尔家族的贪得无厌也令臣民不齿。一个典型的例子就是，王后伊丽莎白·伍德维尔的弟弟、年纪轻轻的约翰·伍德维尔[①]竟然娶了年龄上可以做他祖母的诺福克

---

① 约翰·伍德维尔（John Woodville, 1445—1469）和诺福克公爵约翰·莫布雷的遗孀凯瑟琳·内维尔（Katherine Neville, 1400—1483）结婚时，男方十九岁，女方六十五岁。凯瑟琳·内维尔是冈特的约翰的孙女，约翰·伍德维尔是她的第四任丈夫。

公爵约翰·莫布雷的遗孀,就因为想得到她所拥有的巨额财富。沃里克伯爵理查德·内维尔发现爱德华四世的所作所为不得民心,便开始为恢复自己的地位悄悄行动了,甚至做好了动武的准备。为了将爱德华四世的弟弟、野心勃勃的克拉伦斯公爵约克的乔治①也拉进自己的阵营,他还将自己的长女伊莎贝尔·内维尔②许配给了他(伊莎贝尔·内维尔没有兄弟,后来继承了父亲一半以上的财产)。

---

① 约克的乔治(George of York, 1449—1478),第一代克拉伦斯公爵兼第三代约克公爵理查德之子,爱德华四世的弟弟,理查三世的哥哥,因被爱德华四世指控犯有叛国罪而于1478年2月18日被秘密处决。
② 伊莎贝尔·内维尔(Isabel Neville, 1451—1476),第十六代"造王者"沃里克伯爵理查德·内维尔的长女,于1469年7月11日嫁给了第一代克拉伦斯公爵约克的乔治。

第 41 章

沃里克伯爵理查德·内维尔流亡

1469年7月,沃里克伯爵理查德·内维尔认为时机已经成熟,便命令其追随者开始行动。他的外甥亨利·菲茨休爵士和他的堂弟亨利·内维尔爵士在约克发动了叛乱,就像当年代位贵族反对理查二世或早期约克派反对萨福克伯爵威廉·德·拉·波尔和萨默塞特公爵埃德蒙·博福特的行动一样。他们打出的旗号也是清君侧,要求品德高尚和有担当的人出任政府大臣,即恢复内维尔家族以前的地位。这次起义被称为"雷德斯代尔的罗宾之乱",因为叛军领导者之一的约翰·康耶斯爵士用了这样一个假名。沃里克伯爵理查德·内维尔是这次起义的幕后主谋,他暗中命令亲信支持叛乱,但自己没有现身。叛军很快就发展壮大起来,开始向南挺进,并在彭布鲁克伯爵威廉·赫伯特和德文伯爵汉弗莱·斯塔福德①的率领下在班伯里附近的埃杰考特原野击败了爱德华四世率领的军队。战斗结束后,爱德华四世的军队四散逃窜,他本人也落入了叛军之手。沃里克伯爵理查德·内维尔和克拉伦斯公爵乔治随后赶来,将爱德华四世立即囚禁起来。爱德华四世虽然未遭到粗暴对待,但在约克郡的米德勒姆城堡中被囚禁了两个月。爱德华四世的宠臣们就没有太好的下场了:王后伊丽莎白·伍德维尔的父亲里弗斯伯爵理查德·伍德维尔、弟弟约翰·伍德维尔、德文伯爵汉弗莱·斯塔福德和彭布鲁克伯爵威廉·赫伯特均在沃里克伯爵理查

---

① 这两位伯爵不是兰开斯特派的伯爵贾斯帕·都铎和约翰·考特尼,而是两位约克派的伯爵赫伯特和斯塔福德。——原注

埃杰考特原罪战役

米德勒姆城堡

德·内维尔的授意下被处决示众。这些人虽然贪婪成性，但不应该未经审判就被处死，他们悲惨的结局震惊了约克派所有人士。

在将爱德华四世限制自由两个月（1469年8月到1469年9月）后，沃里克伯爵理查德·内维尔便将他释放了，认为他已经得到教训，以后肯定不会与内维尔家族作对了。但事实上，爱德华四世的精神并未被彻底摧垮，他一门心思地想要报复沃里克伯爵理查德·内维尔和克拉伦斯公爵乔治。六个月后，1470年3月，机会来了。林肯郡爆发了兰开斯特派起义，爱德华四世集结了一支庞大的军队前往镇压叛军。军队的将领是经过精心挑选的，都是反对内维尔家族的人。在斯坦福德附近的"卸袍之战"①中击溃叛军后，爱德华四世突然率军调转方向，迎击从考文垂赶来与他会合的沃里克伯爵理查德·内维尔和克拉伦斯公爵乔治率领的部队。他要用一年前他们对待自己的方法对待他们②。毫无防备的沃里克伯爵理查德·内维尔和克拉伦斯公爵乔治被追至达特茅斯，后乘船逃往了法兰西。

沃里克伯爵理查德·内维尔之所以轻易就被赶出了国门，是因为他没时间召集起众多的追随者。如果爱德华四世不是当机立断，那么将沃里克伯爵理查德·内维尔逐出国门就要付出沉重的代价。爱德华四世再次成了英格兰的真正统治者，但这一好景没有持续太长时间。沃里克伯爵理查德·内维尔发誓要复仇，于是决定放下与安茹的玛格丽特及兰开斯特派的宿怨。他在路易十一的宫廷中会见了流亡的安茹的玛格丽特。二人不计前嫌，握手言和。他们决定联手推翻爱德华四世的统治。沃里克伯爵理查德·内维尔承诺会帮亨利六世复辟，并将自己的小女儿安妮·内维尔许配给了亨利六世的儿子爱德华王子这位兰开斯特家族的继承人。接着，他们实施起了亨利六世复辟的计划。沃里克伯爵理查德·内维尔派使者前往英格兰各地，要求支持者准备秋天发动叛乱；安茹的玛格丽特也向兰开斯特派余党发出了同样的指令。

---

① 之所以叫"卸袍之战"，据说是因为叛军为了快速逃跑，将身上的长袍都脱掉扔了。——原注
② 有人认为沃里克伯爵真的参与了林肯地区的起义计划，爱德华四世当时也这样认为，但情况有可能并非如此。如果他真的参与了起义计划，怎么会猝不及防地被抓呢？再说，叛军的领导者都是兰开斯特派系的老人。

安茹的玛格丽特与沃里克伯爵理查德·内维尔握手言和

1470年9月，实施计划的时机已成熟。沃里克伯爵理查德·内维尔让自己的妹夫亨利·菲茨休勋爵在北方发动了一场小规模叛乱，诱使爱德华四世率军前来镇压。爱德华四世果然中计了。在他率军赶赴约克郡时，亨利·菲茨休勋爵则率叛军穿越海峡，在兰开斯特势力强大的德文郡举起了反抗大旗。看到这样的信号后，遍及北方各郡县的内维尔家族势力全部武装起来反抗爱德华四世。爱德华四世见势不妙，慌忙向南撤退。赶到诺丁汉时，他发现，沃里克伯爵理查德·内维尔的弟弟蒙塔古勋爵约翰·内维尔早已调集了中部地区所有兵力围堵他。爱德华四世的军队见状不战而散，绝望的爱德华四世只得快马加鞭逃向了海边，与弟弟格洛斯特公爵理查、黑斯廷斯勋爵威廉及几十名忠实的追随者在林恩乘船逃往尼德兰。安全抵达尼德兰后，爱德华四世受到了妹夫勃艮第公爵大胆查理的亲切接待。只要来者是死对头法王路易十一的敌人，大胆查理就会热情接待。

内维尔家族的实力再次得到彰显，沃里克伯爵理查德·内维尔将囚禁于伦敦塔的亨利六世救出并帮他重登王位。沃里克伯爵理查德·内维尔成了名副其实的"造王者"。爱德华四世就这样被推翻了，他的王后伊丽莎白·伍德维尔和年幼的女儿则被沃里克伯爵理查德·内维尔作为人质留在了威斯敏斯特，但她们的生活并未受到任何影响。沃里克伯爵理查德·内维尔现在的处境十分尴尬：兰开斯特派系不信任他，他也不信任兰开斯特派系；他的主要支持者克拉伦斯公爵乔治对他帮助亨利六世复辟一事非常不满，克拉伦斯公爵乔治本以为岳父会帮自己夺取英格兰王位。爱德华四世一定还有许多支持者，但具体有多少不得而知，因为他们尚无机会展示实力。现在，政府大臣主要是沃里克伯爵理查德·内维尔的朋友和兰开斯特派系人士，英格兰的局势暂时稳定了。不过，王后安茹的玛格丽特和王子爱德华仍留在法兰西这一做法很不明智，他们应该在亨利六世复辟成功后马上返回英格兰。

第 42 章

亨利六世被害

1471年3月，相互积怨颇深的"造王者"沃里克伯爵理查德·内维尔和其前主人爱德华四世展开了最后一场较量。爱德华四世从勃艮第公爵大胆查理那里获得了五万弗罗林和一千两百名雇佣兵的援助，之后从尼德兰返回了英格兰，试图东山再起。抵达约克郡后，爱德华四世声称，他只是想要回约克公爵的头衔，没有夺回英格兰王位的意思，也不打算发动内战。镇守英格兰北方的指挥官蒙塔古勋爵约翰·内维尔犯了不可饶恕的错误，居然让爱德华四世渡过了特伦特河并顺利到达了莱斯特。在莱斯特，众多支持者加入了爱德华四世的队伍。但即便如此，爱德华四世在兵力上仍然完全处于劣势，敌人正从四面八方围了过来。沃里克伯爵理查德·内维尔本人也亲率大军向考文垂快速赶来。为四面楚歌的爱德华四世解围的是他那个反复无常、背信弃义的弟弟克拉伦斯公爵乔治。克拉伦斯公爵乔治奉命以亨利六世的名义率领中西部地区的军队赶往考文垂，但抵达后他率领部下七八千人倒戈，加入了爱德华四世的部队。于是，爱德华四世的实力大增。在没有援军的情况下，沃里克伯爵理查德·内维尔是无法与爱德华四世抗衡的。就在沃里克伯爵理查德·内维尔等候援军到来之时，爱德华四世突然率军快速杀向了伦敦。1471年4月11日，伦敦城内的约克派打开了城门。沃里克伯爵理查德·内维尔虽然随后率领所有部队火速赶了过来，但已经于事无补了。1471年4月14日，约克军出城在巴尼特挡住了追击而来的沃里克伯爵理查德·内维尔的部队，一场殊死搏斗旋即上演。遮天蔽日的浓雾最终给沃里克伯爵理查德·内维尔带来了噩运。他麾下的两支部队误将对方认成了敌军，互相厮杀了起来。当认出对方时，两支部队都认为对方已经叛变投敌，于是高喊着"叛贼"落荒而逃。沃里克伯爵理查德·内维尔剩余部队虽然仍在抵抗，但终因兵力悬殊，全军覆没。沃里克伯爵理查德·内维尔本人及其弟弟蒙塔古勋爵约翰·内维尔双双战死沙场。

沃里克伯爵理查德·内维尔战死沙场

图克斯伯里战场上的安茹的玛格丽特

就在巴尼特战役当天,安茹的玛格丽特带着儿子爱德华回到了英格兰的威茅斯,博福特家族为她在萨默塞特郡和德文郡召集了一支军队。听说沃里克伯爵理查德·内维尔兵败战死的消息后,安茹的玛格丽特决定率军前往威尔士,那里有兰开斯特家族的根据地。然而,爱德华四世率部队急行军,阻断了安茹的玛格丽特的去路。背后是塞文河,没有退路的安茹的玛格丽特只得率部背水一战,最后与约克军在图克斯伯里展开了决战。1471年5月4日,经过一番厮杀后,兰开斯特军被击溃,没来得及逃跑的将士不是被杀就是被俘,还有不少人掉入河中溺亡。年幼的爱德华王子高声向克拉伦斯公爵乔治求饶,但最终仍被杀掉了,一起被杀的还有德文伯爵约翰·考特尼和约翰·温洛克勋爵。博福特家族最后一任萨默塞特公爵埃德蒙·博福特与十名贵族被俘后被处决。

爱德华王子被带到爱德华四世面前

萨默塞特公爵埃德蒙·博福特被处决

爱德华四世虽然免除了王后安茹的玛格丽特的死罪，但下令将亨利六世在伦敦塔中残忍地杀害了，因为亨利六世唯一的儿子死后，他就不再有做人质的价值了。官方给出的说法是，亨利六世在伦敦塔中"抑郁而终"。

图克斯伯里战役后，兰开斯特家族彻底走向了灭亡，强盛的内维尔家族也走到了命运的尽头。冈特的约翰的男性后代已经灭绝，女性后裔的代表人物

亨利六世在伦敦塔中被害

有葡萄牙国王阿方索五世和卡斯蒂尔王后葡萄牙的琼（冈特的约翰的两个女儿的后裔）及萨默塞特家族最后一位女勋爵玛格丽特·博福特。玛格丽特·博福特和第一任丈夫埃德蒙·都铎生有一子，即里士满伯爵亨利·都铎，后来的英格兰国王亨利七世。沃里克伯爵理查德·内维尔的巨额财产则平分给了两个女儿：克拉伦斯公爵夫人伊莎贝尔·内维尔和爱德华王子的遗孀安妮·内维尔[①]。安妮·内维尔后来被迫嫁给了爱德华四世的弟弟格洛斯特公爵理查。这样一来，内维尔家族所有的领地就都集中到了王室家族的手中。

卡斯蒂尔王后葡萄牙的琼

---

① 安妮·内维尔（Anne Neville, 1456—1485），第十六代"造王者"沃里克伯爵理查德·内维尔的女儿，首任丈夫为亨利六世的儿子威尔士亲王爱德华，第二任丈夫为格洛斯特公爵理查，即后来英格兰国王理查三世。

第 42 章 亨利六世被害 | 315

爱德华四世对英格兰的统治还将持续十二年。这十二年与1460年至1471年动荡的十一年形成了鲜明对比,几乎没有什么重要的历史事件发生。爱德华四世铁腕治国,对王国的统治基本上做到了随心所欲。他如果生性不安于现状,那么极有可能成为暴君。但爱德华四世生性懒散,喜欢过奢靡享乐的生活。不到四十岁,他已经变得臃肿,彻底毁掉了自己的身体。爱德华四世的统治比兰开斯特王朝更专制。1478年至1483年,他甚至都没召集议会开过一次会议。爱德华四世经常强行让臣民捐款或强行向贵族贷款,而不受议会任何限制。不过,他还算不上一位压榨百姓的统治者,他的任性之举并未影响到绝大多数的臣民,他的财政摊派也不是特别过分,因为兰开斯特王朝和内维尔家族的财富都到了他的手里,他比以前的国王都富裕。1475年后,爱德华四世又有了一项新的收入来源。他与勃艮第公爵大胆查理结盟,侵入了法兰西,甚至深入皮卡迪的帕罗纳地区。狡猾的路易十一打算用钱摆平爱德华四世。他提出,只要爱德华四世不入侵法兰西,就每年支付给英格兰王室一大笔钱财。贪婪的爱德华四世接受了这一提议,随即抛弃了自己的盟友。1475年8月13日,英法两国签署了《佩奎尼条约》:爱德华四世收到了七万五千金克朗的现款;法王路易十一赎回了安茹的玛格丽特,但每年要向爱德华四世支付五万金克朗的赎金,直至他驾崩为止。《佩奎尼条约》一签署,爱德华四世就从法兰西撤军了。在余生中,他每年都会定期收到一笔赎金。

在这十几年里,爱德华四世最担心弟弟克拉伦斯公爵乔治会对自己产生不满。爱德华四世永远也忘不了弟弟克拉伦斯公爵乔治在1469年到1470年背叛自己的行为,对他总是充满了戒备。克拉伦斯公爵乔治一贯表现得傲慢霸道,爱德华四世也不得不提防。1477年,克拉伦斯公爵乔治彻底激怒了爱德华四世。其一,在未经过正常审判程序的情况下,他私自处死了一个叫安卡雷特·特文多的女士,指控她用巫术害死了自己的妻子伊莎贝尔·内维尔。其二,在未经爱德华四世许可的情况下他想娶勃艮第的女继承人玛格丽特为妻。1478年,兄弟二人还就克拉伦斯公爵乔治的一些追随者被定为叛国罪而遭到处决一事发生了激烈的争吵。结果,克拉伦斯公爵乔治被囚禁到了伦敦塔。不久,爱德华四

路易十一与爱德华四世签订《佩奎尼条约》

世召集议会，在所有贵族议员面前公开揭露了克拉伦斯公爵乔治所犯的罪行。他称，克拉伦斯公爵乔治已经无可救药了，"如果这种人还能得到宽恕，作为国王的爱德华四世将无法再为王国的幸福、和平与安宁而操劳下去了"。既然是国王自己做了检举，上议院也就按他的意思给克拉伦斯公爵乔治定了罪。两周后，克拉伦斯公爵乔治在伦敦塔被处死。一种流传的说法是，克拉伦斯公爵乔治是被放入马尔姆西葡萄酒桶中溺死的，但具体细节再没有过多的披露。

爱德华四世比弟弟克拉伦斯公爵乔治多活了五年。虽然他的健康每况愈下，但他并不想改变自己糟糕的生活习惯。在确实无法打理朝政后，爱德华四

克拉伦斯公爵乔治被按入马尔姆西葡萄酒桶中溺死

世便将主要事务托付给了最小的弟弟格洛斯特公爵理查和宫内大臣威廉·黑斯廷斯勋爵。他们对爱德华四世忠心耿耿。在1469年到1471年最艰难、最动荡的日子里，他们也没有弃爱德华四世而去。

爱德华四世统治后期最重要的事件是1482年英格兰与苏格兰之间的战争。战争之所以爆发，一方面是因为边境盗匪频繁侵扰诺森伯兰郡，另一方面是因流亡的阿尔巴尼公爵亚历山大·斯图尔特为谋取私利而煽动英格兰去抗击自己的兄长詹姆斯三世。当时，爱德华四世病重，无法再上战场；格洛斯特公爵理查接过了军队指挥大权，并因收复贝里克——1461年安茹的玛格丽特将贝里克割让给了苏格兰——而深受敬重。在苏格兰低地，格洛斯特公爵理查的大

詹姆斯三世

军所向披靡，苏格兰国王詹姆斯三世最后只好请求和谈。和谈过程中，爱德华四世驾崩的消息传来了。爱德华四世当时虽然只有四十二岁，但身体已经非常糟糕。1483年3月30日，一次不算严重的疟疾要了他的命。爱德华四世一生自私、残忍、放荡，是英格兰史上人品最差的国王之一，但他对英格兰的统治卓有成效。爱德华四世统治时期的英格兰虽然战乱频仍，但国家整体发展还算繁荣。战乱确实让英格兰贵族的数量大大减少了，但大多数普通民众的生活却并未受到多大影响。这一时期，政府税赋较轻，商业贸易繁荣，百姓的生活甚至比许多明君统治时期更好。

第 14 卷

理查三世

1483—1485

第 43 章

格洛斯特公爵理查抓捕新国王

爱德华四世驾崩时只有四十二岁,他的两个儿子和五个女儿当时都尚未成年。长女伊丽莎白十七岁,王位继承者长子爱德华十二岁,次子约克公爵理查德只有九岁。显然,需要有一位摄政王在最初的几年里辅佐年幼的国王处理

爱德华四世长女伊丽莎白

朝政。不过，爱德华四世在驾崩之时并未就摄政王一事做出明确的安排。能担此重任的有两位人选：王太后伊丽莎白·伍德维尔和格洛斯特公爵理查。不过，他们注定会产生矛盾。王太后伊丽莎白·伍德维尔成功摄政将会给格洛斯特公爵理查带来巨大的危险，因为外戚格雷家族和伍德维尔家族都是格洛斯特公爵理查的宿敌。在夺取摄政权力的斗争中，王太后伊丽莎白·伍德维尔占尽了先机，因为年幼的国王爱德华五世当时在勒德洛生活，其监护人是舅舅——

格洛斯特公爵理查

爱德华五世

伍德维尔家族的首领里弗斯伯爵安东尼·伍德维尔。外戚控制了爱德华五世，也就应了"拥有即合法"的那句老话。如果格洛斯特公爵理查没那么足智多谋，也没那么意志坚定，早就退出这场权力争夺战了。但事实上，格洛斯特公爵理查是个城府极深、野心勃勃的人，这一点连最了解他的人也未必知道。到目前为止，大家只知道他是一名优秀的将军、一位称职的管理者，也是已故国王爱德华四世最忠实的助手。与二哥克拉伦斯公爵乔治不同，格洛斯特公爵理查头脑清醒，举止谨慎，给人们留下了忠君爱国的印象，虽然事实上并非如此。没人会想到，为了获得权力，他会不择手段，滥杀无辜。都铎王朝的作家喜欢丑化格洛斯特公爵理查的形象，把他描绘为身材矮小、弯腰驼背、容貌丑陋之人。但事实上，格洛斯特公爵理查虽然左侧上身确实要比右侧瘦弱一些，身材比例不协调，个子也不高，但他的外表并不丑陋，约克家族所有人的容貌都不算太差。众多关于格洛斯特公爵理查的肖像画都突出了其"狡诈多疑"的性格缺点。爱德华四世驾崩时，格洛斯特公爵理查只有三十一岁。不过，自十八岁开始指挥巴尼特战役和图克斯伯里战役起，格洛斯特公爵理查的能力就从未受到过质疑。

爱德华四世的葬礼过后，里弗斯伯爵安东尼·伍德维尔带着爱德华五世前往伦敦。爱德华五世要在伦敦加冕，枢密院要提名一位摄政王或护国公辅佐国王处理朝政。当爱德华五世的护送队伍抵达斯通尼斯特拉特福德时，他们碰上了前来迎接的格洛斯特公爵理查和他的朋友及支持者白金汉公爵亨利·斯塔福德。白金汉公爵亨利·斯塔福德是爱德华三世的小儿子伍德斯托克的托马斯的后代。看到迎接他们的两位公爵竟然率领着大军，里弗斯伯爵安东尼·伍德维尔大吃一惊，他没有料到自己这么快就会遭到打击。第二天，也就是1483年4月30日，护送队伍在向伦敦进发的途中，格洛斯特公爵理查的手下将里弗斯伯爵安东尼·伍德维尔和王太后伊丽莎白·伍德维尔的次子理查德·格雷爵士捆绑了起来。二人被迅速押往格洛斯特公爵理查在北方的大本营米德勒姆城堡，而爱德华五世则被其叔叔格洛斯特公爵理查带到了伦敦。王太后伊丽莎白·伍德维尔发现情况不妙后，躲进了威斯敏斯特教堂避难，而她的长子多塞特侯爵托马斯·格雷和弟弟爱德华·伍德维尔则逃到了法兰西。

格洛斯特公爵理查赶到伦敦后，将原来的政府大臣全部解职，用自己的亲信顶替了他们的位置。随后，他又召集议会开会，提议让侄子爱德华正式加冕，自己担任护国公。但不久发生的一件事情表明，格洛斯特公爵理查的计划远非人们想象的那么简单。枢密院中的不少要员虽然看到伍德维尔家族的官员被赶走非常开心，但不希望政府机构发生更大的变化，这一观点的代表人物就是爱德华四世忠实的支持者威廉·黑斯廷斯勋爵。格洛斯特公爵理查花了好几天的时间倾听他们的声音，想弄清楚他们到底是否对自己有二心。经过一番调查，他设下了一个局。1483年6月13日，格洛斯特公爵理查在伦敦塔里笑容可掬地接见了枢密院的官员。中途他突然出去了一下。再次返回后，他的脸色已

简·肖尔

大变,声称有人暗中要取他性命。他说,有人对他实施了巫术,他问大家他该如何处置这些人。他点到了爱德华四世宠爱的女人简·肖尔的名字,再没提其他人的名字。威廉·黑斯廷斯勋爵听后,有些惊慌地回答道:"如果他们真的那样做了,您就该严惩不贷。"格洛斯特公爵理查冲他大喊道:"我跟你说,他们已经这样做了,你就是背后的主谋,你这个叛徒!"他边说边掀翻了桌子,手下人冲了进来,将威廉·黑斯廷斯勋爵拖到院子里砍了头。与此同时,托马斯·斯坦利勋爵、约克大主教托马斯·罗瑟拉姆和伊利主教约翰·莫顿都被拘捕了。

将爱德华五世身边的人清洗掉后,格洛斯特公爵理查已经手握大权了。不过,他还要继续实施通往最高权力的计划。爱德华五世的弟弟约克公爵理查德也被从母亲身边带走了。受到恐吓的王太后伊丽莎白·伍德维尔眼睁睁地看着自己的小儿子被带走,和哥哥一样被关进了伦敦塔。至此,格洛斯特公爵理

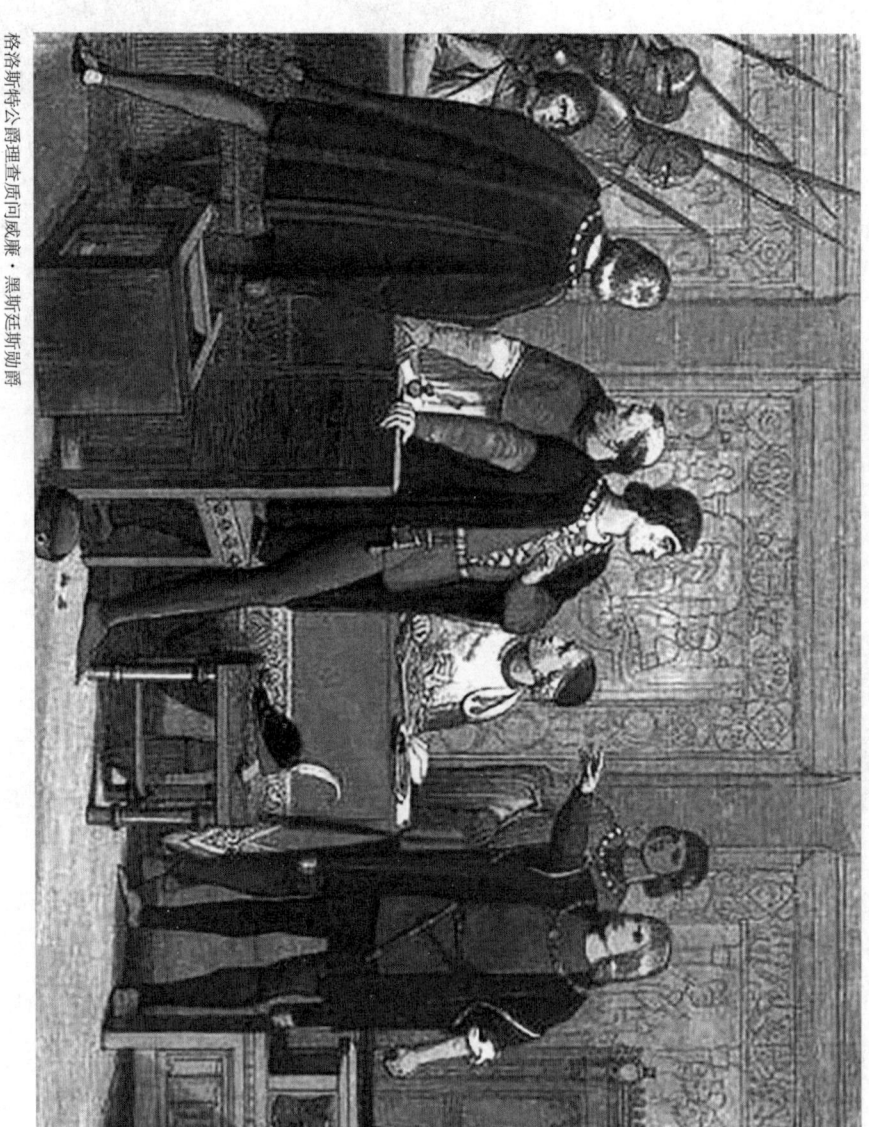

格洛斯特公爵理查质问威廉·黑斯廷斯勋爵

爱德华五世与约克公爵理查德被关在伦敦塔

查便挟持了两个王位继承人。随后,他开始从自己在北方的领地抽调部队进驻伦敦,还从同谋白金汉公爵亨利·斯塔福德的领地抽调来大量兵力。除了白金汉公爵亨利·斯塔福德和约翰·霍华德勋爵,似乎没人知道格洛斯特公爵理查做这些事情的真实目的。为了感谢两位助手,格洛斯特公爵理查向他们许下了诸多好处:白金汉公爵亨利·斯塔福德将享有对威尔士和西部地区所有王室城堡的管理权,约翰·霍华德勋爵将获得他之前就以母亲的名义一直在索要的诺福克公爵头衔。

接着,格洛斯特公爵理查指出爱德华四世与伊丽莎白·伍德维尔的婚姻为非法婚姻。这样一来,他两个侄子的王位继承权就被剥夺了。他指出,他们的婚姻是私定终身,没有走正规的教会仪式(这确实是事实),而且爱德华四世之前是与埃莉诺·塔尔博特订过婚的(该说法缺乏证据)。爱德华四世的两位王子是私生的;克拉伦斯公爵乔治虽有一子一女,但他在1478年所犯罪行使他的后代失去了王位继承权。如此一来,只有格洛斯特公爵理查本人才是"约克家族真正合法的王位继承人"。这一荒谬的说法首先由格洛斯特公爵理查的随军教士1483年6月22日在圣保罗大教堂的一次布道时提出。1483年6月24日,白金汉公爵亨利·斯塔福德又在伦敦市政大厅对伦敦市长和市政官员们做了同样的宣讲。看到旁边是全副武装的士兵,大家都没敢表达任何的异议。1483年6月25日,市政厅举行了一场规模更大的会议,伦敦所有贵族和头面人物都受邀出席会议:放在他们面前的是一份请愿书,要求他们必须承认格洛斯特公爵理查才是唯一合法的王位继承人。让与会代表备感屈辱的是,在武力威逼下他们都在请愿书上签署了自己的名字,没有一个人敢发表反对意见。格洛斯特公爵理查假意推脱了一番后,表示愿意接受民意。1483年6月26日,格洛斯特公爵理查被宣布为新国王,并于1483年7月6日举行了加冕仪式,后世称其为"理查三世"。

第 44 章

博斯沃斯战役

理查三世坐稳王位后，就向北方总督发出了处决里弗斯伯爵安东尼·伍德维尔和理查德·格雷爵士的命令，在正式加冕前他得到了二人的死讯。然而，里弗斯派系并未被彻底消灭，只不过是被出其不意的攻击打了个措手不及。理查三世登基还未满一个月，叛军便密谋推翻他，重立爱德华五世。叛军的首领有多塞特侯爵托马斯·格雷、索尔兹伯里主教莱昂内尔·伍德维尔、娶了理查三世姐姐安妮的托马斯·圣勒格。理查三世听到风声后，用了最卑鄙的

理查三世姐姐安妮

一招，轻易挫败了对手的阴谋。当时，理查三世正在沃里克。他匆忙下令，让伦敦塔里的亲信将爱德华四世的两位王子秘密处死。恶行大约发生在1483年8月9日，两个男孩被勒死后，尸体被埋在了一段楼梯之下。1674年，人们维修楼梯时发现了两位王子的遗骸。两位王子的死讯不久便传了出去，英格兰举国震惊。玫瑰战争期间残忍之举虽屡有发生，但都不像残杀王子这样的暴行令人发指。理查三世因这样的暴行而自毁前程。任何有正义感的人都不会死心塌地为这位暴君服务了。篡夺王权尚可原谅，但残杀无辜儿童则绝对不可饶恕。从此以后，理查三世发现所有人都反对他，甚至那些他曾施以诸多恩惠的亲信也开始离心离德。

接下来发生的事情就是明证。推翻理查三世的行动非但没有被粉碎，叛军反倒因理查三世在伦敦塔内的恶行而迸发出高昂的斗志，连原本置身事外的人也开始支持起叛军。这些主要的支持者中就有白金汉公爵亨利·斯塔福德。作为理查三世的得力助手，白金汉公爵亨利·斯塔福德已经拥有了自己想拥有的一切，但伦敦塔事件让他与叛军站到了一起。他自己并不贪求王位（和理查三世的目的不同），但愿意支持其他人登基取代理查三世。听闻爱德华五世已死，叛军决定将约克家族和兰开斯特家族联合起来对抗理查三世。他们准备让爱德华四世的长女伊丽莎白与博福特家族继承人里士满伯爵夫人玛格丽特·博福特的儿子亨利·都铎联姻。将亨利·都铎算作兰开斯特家族的后人虽然有些牵强，但从较早时候的西班牙王后讲起，他与兰开斯特家族还是多少有些关系的。

1483年10月，叛乱爆发。威尔士边境有白金汉公爵亨利·斯塔福德率领的部队，德文郡有多塞特侯爵托马斯·格雷和托马斯·圣勒格率领的部队及考特尼人集结起来的部队，在索尔兹伯里和梅德斯通还有其他人领导的部队。此外，里士满伯爵亨利·都铎在布列塔尼雇佣了一支部队，计划从普利茅斯登陆，与叛军会合。不过，理查三世一生中最后一次好运降临，帮他躲过了这次灾祸。一场异乎寻常的大雨下个不停，叛军无法会合。汹涌的塞文河逼停了白金汉公爵亨利·斯塔福德的部队。里士满伯爵亨利·都铎的部队因暴风雨

爱德华五世与约克公爵理查德被残杀

而迟迟不能登陆英格兰。理查三世抓住时机，采取各个击破的战术，用有限的兵力不断消灭着叛军的有生力量。白金汉公爵亨利·斯塔福德的威尔士军队被击溃。1483年11月2日，白金汉公爵亨利·斯塔福德被俘，然后被处死。白金汉公爵亨利·斯塔福德的失败让南方的叛军深感恐慌，他们没敢再对抗理查三世。托马斯·圣勒格被理查三世俘虏后处死了；叛军的其余首领都逃向了法兰西。里士满伯爵亨利·都铎见势不妙，率军撤回了布列塔尼。

白金汉公爵亨利·斯塔福德

镇压叛军后,理查三世争取到了十八个月的喘息之机。但这十八个月并非平安无事,谁都知道,一旦时机成熟,叛乱终将爆发。理查三世终日疑神疑鬼,过着草木皆兵的生活。他知道身边都是反对他的人,但因缺乏足够证据,也不能贸然发难。一旦抓住敌人的把柄,他便会痛下杀手。威尔特郡的一位乡绅科林博恩写了一句打油诗:

猫儿,鼠儿,狗儿
横行霸道全凭猪儿。①

对理查三世及其手下的三位大臣挖苦了一番。结果,这位可怜的乡绅就被送上了绞架。

1484年初,英格兰议会召开会议,提出了许多有关民生和宪制建设的议案。但理查三世的统治不稳,根本无法实行任何真正意义上的改革。譬如,他一开始同意取消王税,但几个月后国库亏空,急需用钱的他便不顾自己的承诺,又恢复了原先的税收政策。因为担心会有叛乱发生,需要用大量钱财收买人心,所以理查三世的口袋永远空空如也。

1484年4月,理查三世唯一的孩子爱德华去世,他的王位变得更加不稳了。理查三世被迫指定了另外一位继承人——他大姐约克的伊丽莎白②的儿子,即自己的外甥林肯伯爵约翰·德·拉·波尔③。克拉伦斯公爵乔治的儿子本来是最合适的人选,但理查三世不能选他,因为之前他为了登上王位已经剥夺了克拉伦斯公爵乔治后代的王位继承权。爱德华王子去世不到一年,他的母后安妮·内维尔也离开了人世。据说,她的死与理查三世对她的恶劣态度不无关系。理查三世一直想和她离婚,或通过其他方式除掉她,这样他就可以再娶

---

① 原诗为The Cat, the Rat, and Lovel the Dog / Rule all England under the Hog。其中,the Cat暗指威廉·卡特斯比;the Rat暗指理查德·拉特克利夫爵士;Lovel the Dog暗指洛维尔勋爵弗朗西斯;the Hog则是通过国王的白猪徽章暗指理查三世本人。
② 约克的伊丽莎白(Elizabeth of York, 1444—1503),第三代约克公爵理查德的三女儿。
③ 这位指定的王位继承者也是英格兰"诗歌之父"杰弗里·乔叟的曾孙。——原注

一位能为他生子的妻子。据说,王后安妮·内维尔薨逝后,理查三世一度想娶自己的侄女伊丽莎白(伦敦塔中被害王子的姐姐)为妻。但身边的亲信向他指出,这样做会激起公愤,非常危险,他才及时放弃了这一邪念。

1485年夏,那些流亡国外一直都未放弃反对理查三世事业的人打算再次攻打英格兰。里士满伯爵亨利·都铎向法兰西政府借了一笔钱,组建了一支一千两百人的大陆雇佣军。1485年8月1日,里士满伯爵亨利·都铎率军从阿夫勒尔出发,远征英格兰。与他同行的有兰开斯特家族幸存的领袖彭布鲁克伯爵贾斯珀·都铎和牛津伯爵约翰·德·维尔及以爱德华·伍德维尔爵士为首的曾

里士满伯爵亨利·都铎

遭受理查三世打压的约克家族领袖。不过，以这样的兵力远征英格兰似乎是不自量力，但里士满伯爵亨利·都铎等人知道，一旦攻入英格兰，就会有数以千计的秘密支持者声援他们，并加入他们的队伍。远征军一在米尔福德港登陆，就有不少威尔士贵族主动加入，听凭都铎家族调遣。远征军抵达塞文河时，兰开斯特家族塔尔博系的什鲁斯伯里伯爵乔治·塔尔博及其随从也加入了远征大军。但即便如此，在莱斯特的博斯沃斯战场上与理查三世率领的一万四千大军对决的远征军只有五千将士。尽管兵力悬殊，牛津伯爵约翰·德·维尔还是将自己的人马分为两个纵队，向山坡上理查三世的军队发起了攻击。他如此自信不无道理。战斗开始后，理查三世军队中有一半将士不愿出战，而出战的将士也不愿拼尽全力，只有理查三世本人及其亲信诺福克公爵约翰·霍华德拼死抵抗。但没过多久，理查三世的军队便遭到了致命打击，曾发誓要攻打入侵者的约克派贵族托马斯·斯坦利勋爵及其弟威廉·斯坦利爵士分别从柴郡和兰开夏郡率领人马赶到战场后，立刻倒戈，并且向理查三世军队的侧翼发起了攻击。理查三世的军队顷刻大乱，士兵们高喊着"叛军、叛军"四散逃命去了。发现情况不妙的理查三世并未退缩，而是朝里士满伯爵亨利·都铎所在的方向冲杀了过去，但他最终还是被叛军的乱刀砍落马下。与理查三世一起战死沙场的还有诺福克公爵约翰·霍华德、沃尔特·费勒斯勋爵和理查德·拉特克利夫爵士（被科林博恩在打油诗中称为"鼠儿"的国王亲信）。1485年8月22日，战斗结束。叛军伤亡不足百人，理查三世军队伤亡人数也不多，因为战斗并不残酷，临阵倒戈让战斗得以提前结束。理查三世篡权登上英格兰王位，结果遭到了报应。一匹战马将他一丝不挂、布满伤口的尸体驮回了莱斯特，这与前一天锦衣华服从莱斯特出征的他形成了鲜明的对比。

英格兰历史上最龌龊不堪的玫瑰战争就这样结束了。战争发生之前，图谋篡位者都是打着清君侧的幌子，但局势往往会迅速发展为大贵族家族之间血腥的王权争夺战。爱德华四世和沃里克伯爵理查德·内维尔更是将这种血腥残酷的斗争推上了顶峰。自私自利、忘恩负义的国王和妄自尊大、肆无忌惮的权臣之间的个人争斗将英格兰拖入了几十年的贵族混战之中。战争最终以最不光

里士满伯爵亨利·都铎在博斯沃斯战场戴上王冠

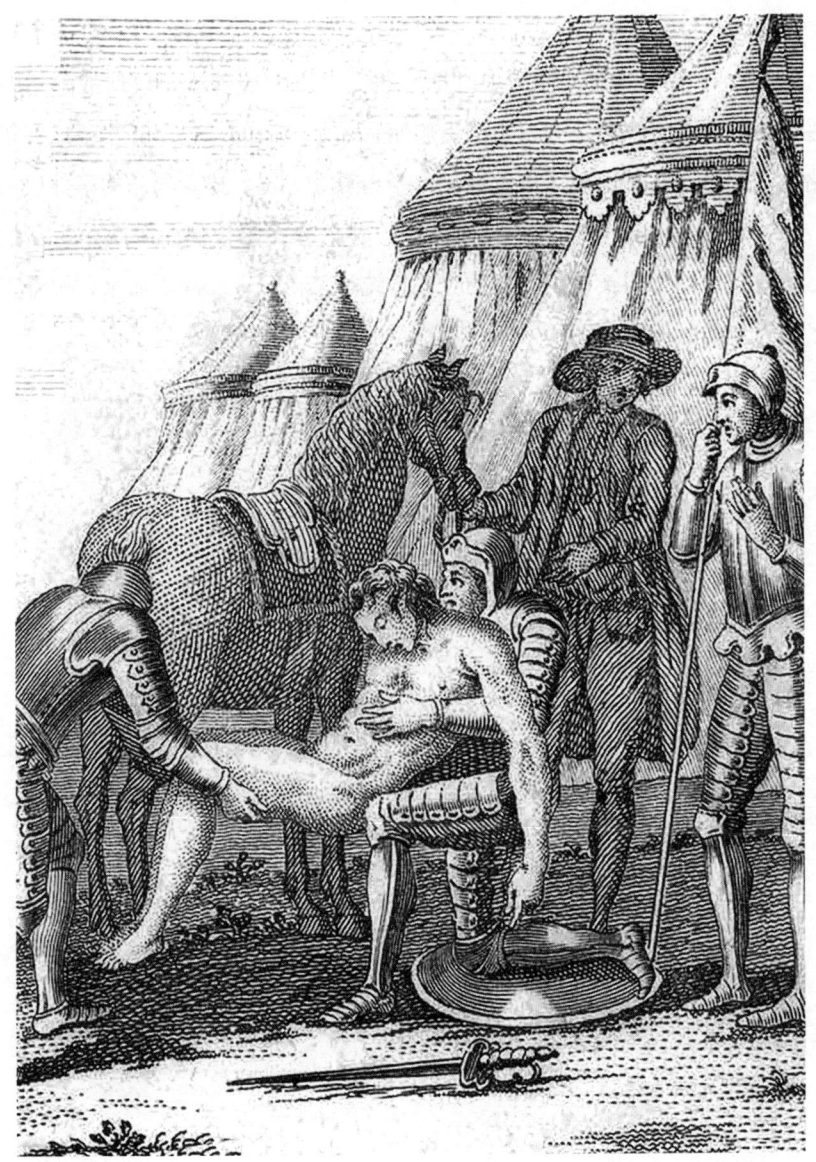

理查三世战死

彩的形式落幕了：英格兰的贵族和百姓在最该反抗的时候却默默接受了一个嗜血成性、虚伪至极的篡权者当国王，而后在战场上用背信弃义这种不太光明磊落的手段将他除掉了。

事实上，英格兰在其他历史时期曾遭受过更大的苦难。玫瑰战争对普通百姓的影响并不大，对争夺权力的贵族而言才是致命的。但1455年至1485年，英格兰人的道德水平出现了严重退化。暴力篡夺王位、排除异己的事件层出不穷；效忠君王需要趁风扬帆、见风使舵；背信弃义等伎俩成了政治生活的主流。所有这一切都将英格兰良好的宪政传统抹杀得一干二净。后来，都铎王朝用了近百年的时间励精图治，才使英格兰的政治生态慢慢恢复了健康。

专有名词英汉对照

Westminster	威斯敏斯特
Isabella	伊莎贝拉
Walter de Stapledon	瓦尔特·德·斯泰普顿
Edmund FitzAlan	埃德蒙·菲查伦
Hugh le Despencer	休·勒·德斯潘塞
Walter Reynolds	瓦尔特·雷诺兹
Roger Mortimer	罗杰·莫蒂默
Kenilworth	凯尼尔沃思
Berkeley	伯克利
Northumberland	诺森伯兰
Durham	达勒姆
Wear and the Tees	威尔河和缇斯河
Robert Bruce	罗伯特·布鲁斯
James Douglas	詹姆斯·道格拉斯
Randolf Earl of Murray	默里伯爵兰多夫
Tyne	泰恩河
Battle of Bannockburn	班诺克本战役
Tweed	特威德河
Newcastle	纽卡斯尔
Sluys	斯鲁伊斯
Battle of Crecy	克雷西战役
Treaty of Northampton	《北安普敦条约》
Stone of Scone	斯昆石
David Bruce	大卫·布鲁斯

Salisbury	索尔兹伯里
Earl of Kent	肯特伯爵
Edmund of Woodstock	伍德斯托克的埃德蒙
Earl of Norfolk	诺福克伯爵
Thomas of Brotherton	布拉泽顿的托马斯
Margaret of France	法兰西的玛格丽特
Henry of Grosmont	格罗斯蒙的亨利
Earl of Lancaster	兰开斯特伯爵
Corfe Castle	科夫城堡
Philippa of Hainault	埃诺的菲利帕
Black Prince	黑太子爱德华
Nottingham	诺丁汉
William Eland	威廉·伊兰
Lord William Montacute	威廉·蒙塔丘特勋爵
Henry Burghersh	亨利·伯格什
Tyburn	泰伯恩
Simon Bereford	西蒙·贝雷福德
John Maltravers	约翰·马尔特拉弗斯
Thomas Gurney	托马斯·古尼
Alfonso XI	阿方索十一世
Castle-Rising	赖辛城堡
Henry III	亨利三世
Sir Thomas Wyther	托马斯·怀瑟爵士
Henley Wood	亨利森林
Robert Holland	罗伯特·霍兰德
William de la Zouche	威廉·德拉祖切
Caerphilly	卡尔菲利
DeClare	德克莱尔
Aquitaine	阿基坦
Philip of Valois	瓦卢瓦的腓力
Ponthieu	庞蒂厄
Agenois	阿让奈
Gascon	加斯科涅

Gilbert Umphraville	吉尔伯特·乌姆弗维尔
David of Strathbogie	斯特拉斯博吉的大卫
Walter Comyn	沃尔特·科明
Alice Comyn	爱丽丝·科明
Henry Lord Beaumont	亨利·德·博蒙特
John Balliol	约翰·巴利奥尔
Edward Balliol	爱德华·巴利奥尔
Battle of Dupplin Muir	达普林缪尔战役
Fife	法夫
Kinghorn	金霍恩
Perth	珀斯
Domhnall mac Uilleim	多姆纳尔·麦克尤利姆
Battle of Falkirk	福尔柯克战役
Dupplin Muir	达普林缪尔山
Stirling	斯特林
Scone	斯昆
Dumfrie	邓弗里斯
Annan	安南
John Earl of Murray	默里伯爵约翰
Archibald Douglas	阿齐博尔德·道格拉斯
Carlisle	卡莱尔
Cheviots	切维奥特山
Siege of Berwick	贝里克之围
William Keith	威廉·基思
Halidon Hill	哈里顿山
John of Eltham	埃尔瑟姆的约翰
Battle of Halidon Hill	哈里顿山战役
Earl of Carrick	卡里克伯爵
Alexander de Brus	亚历山大·德·布鲁斯
Earl of Menteith	门蒂思伯爵
Muireadhach III	穆伊拉达赫三世
Earl of Lennox	伦诺克斯伯爵
Malcolm II	马尔科姆二世

Earl of Strathern	斯特拉森伯爵
Hugh Ross	休·罗斯
Earl of Sutherland	萨瑟兰伯爵
Kenneth de Moravia	肯尼斯·德·莫拉维亚
Calais	加来
Duke of Brabant	布拉班特公爵
John III	约翰三世
Duke of Guelders	格尔德斯公爵
Reginald II	雷金纳德二世
Count of Holland	荷兰伯爵
William III	威廉三世
Count of Hainault	埃诺伯爵
William I	威廉一世
Ghent	根特
Jacob van Artevelde	雅各布·范·阿特韦尔德
Robert III	罗伯特三世
Salic Law	《萨利克法典》
Charles of Navarre	纳瓦拉的查理
George III	乔治三世
Earl of Lancaster Henry	兰开斯特伯爵亨利
Earl of Derby	德比伯爵
Henry of Grosmont	格罗蒙的亨利
Cadzand	卡德赞岛
Flemish count	佛兰德斯伯爵
Louis I	路易一世
Guy	盖伊
Orwell	奥威尔
Coblenz	科布伦茨
Cambray	坎布雷
Cambresis	坎布雷斯
Vermandois	弗曼多
Baldwin of Luxembourg	卢森堡的鲍德温
Suffolk	萨福克郡

Battle of Sluys	斯鲁伊斯海战
Tournay	图尔奈
Chichester	奇切斯特
Robert de Stratford	罗伯特·德·斯特拉福
Lichfield	利奇菲尔德
Roger de Northbrugh	罗杰·德·诺斯布鲁
Sir John Stonor	约翰·斯托诺爵士
John de Stratford	约翰·德·斯特拉福
Brittany	布列塔尼
Jeanne Countess of Blois	布洛瓦女伯爵珍妮
John of Montfort	蒙福特的约翰
Nantes	南特
Jeannes de Nevers	珍妮·德·内弗斯
Hennebont	亨尼朋
Sir Walter Manny	沃尔特·曼尼爵士
Rennes	雷恩
Clement V	克莱门特五世
Avignon	阿维尼翁
Clement VI	克莱门特六世
William the Conqueror	征服者威廉
Statute of Provisors	《神职授职法》
Guyenne	吉耶纳
Battle of Auberoche	奥贝罗切战役
John the Good	好人约翰
Seine	塞纳河
Cape La Hogue	拉霍格角
Barfleur	巴弗勒
Valognes	瓦洛涅
Carentan	卡伦坦
St. Lo	圣洛
Caen	卡昂
Count of Tancarville	坦卡维尔伯爵
John I of Melun	默伦的约翰一世

Count of Eu	欧伯爵
John of Artois	阿托瓦的约翰
Rouen	鲁昂
St. Denis	圣丹尼
Poissy	波西
Somme	索姆河
Picardy	皮卡迪
Amiens	亚眠
Abbeville	阿贝维尔城
Blanchetaque	布兰切塔克
Crecy	克雷西
Wadicourt	瓦迪考特
Thomas de Beauchamp	托马斯·德·比彻姆
John de Vere	约翰·德·维尔
William de Bohun	威廉·德·博亨
Richard FitzAlan	理查德·菲扎兰
Genoese	热那亚
Count of Alençon	阿朗松伯爵
Charles III	查理三世
Duke of Lorraine Rudolph	洛林公爵鲁道夫
Dover	多佛
Neville's Cross	内维尔十字
Henry Percy	亨利·珀西
John Neville	约翰·内维尔
Sir John Graham	约翰·格雷厄姆爵士
Sir Thomas Dagworth	托马斯·达格沃思爵士
Roche Darien	罗什达林
Constantinople	君士坦丁堡
Joanna	乔安娜
Pedro of Castile	卡斯蒂尔的佩德罗
Blanche of Bourbon	波旁的布兰奇
John de Ufford	约翰·德·乌福德
Thomas Bradwardine	托马斯·布拉德沃丁

Norwich	诺维奇
Bristol	布里斯托
Spitalfields	斯皮塔菲尔德
Hospital of St. Bartholomew	圣巴塞洛缪医院
North Sea	北海
Statute of Labourers	《劳动者法规》
Almerigo da Pavia	阿尔梅里戈·达·帕维亚
Henry II	亨利二世
Count of La Cerda Charles	拉塞尔达伯爵查尔斯
Sandwich	桑维奇
Winchelsea	温切尔西
Montfort Party	蒙福特党人
Navarre	纳瓦拉
Bordeaux	波尔多
Gascony	加斯科涅
Languedoc	朗格多克
Toulouse	图卢兹
Narbonne	纳博讷
Carcassonne	卡尔卡松
Marches	玛吉斯
Lothian	洛锡安
Kandlemas Day	圣烛节
Limousin	利穆赞
Auvergne	奥弗涅
Berry	贝里
Loire	卢瓦尔河
John of Gaunt	冈特的约翰
Tours	图尔
Blois	布卢瓦
Poictiers	波伊泽德
Maupertuis	莫佩尔图瓦
Dauphin Charles	王太子查理
Jean de Clermont	让·德·克莱蒙

Arnoul D'Audrehem	阿尔诺·德奥雷海姆
William de Ufford	威廉·德·乌夫德
William de Montagu	威廉·德·蒙塔古
Jean de Grailly	让·德·格里利
Pierre I	皮埃尔一世
Rheims	兰斯
Chartres	沙特尔
Bretigny	布列塔尼
John Lackland	无地王约翰
Foix	富瓦
Armagnac	阿马尼亚克
Aunis	欧尼斯
Saintonge	圣通日
Angoumois	昂古莫瓦
Perigord	佩里戈德
Quercy	凯尔西
Rouergue	鲁埃格
Eleanor of Castille	卡斯蒂尔的埃莉诺
Guisnes	吉斯内斯
Joanna Countess of Kent	女伯爵肯特的乔安娜
Sir John Holland	约翰·霍兰德爵士
Lionel	莱昂内尔
Ulster	乌尔斯特
William de Burgh	威廉·德·伯格
Elizabeth de Burgh	伊丽莎白·德·伯格
Galeazzo Visconti	加莱亚佐·维斯康蒂
Yolande Visconti	尤兰德·维斯康蒂
Blanche of Lancaster	兰开斯特的布兰奇
Leicester	莱斯特
Edmund of Langley	兰利的埃德蒙
Isabella of Castile	卡斯蒂尔的伊莎贝拉
Thomas of Woodstock	伍德斯托克的托马斯
Hereford	赫里福德

Eleanor Bohun	埃莉诺·博洪
Pembroke	彭布罗克
John Hastings	约翰·黑斯廷斯
Ingelram de Coucy	英格拉姆·德·库西
Bedford	贝德福德
Richard II	理查二世
Sir John Chandos	约翰·钱多斯爵士
Robert Knolles	罗伯特·诺尔斯
Walter Manny	沃尔特·曼尼
William Felton	威廉·费尔顿
John Hawkwood	约翰·霍克伍德
Geoffrey Chaucer	杰弗里·乔叟
Palace of the Savoy	萨伏伊宫
Cocherel	科舍雷尔
Battle of Auray	奥雷战役
Charles of Blois	布卢瓦的查理
Count of Trastamara	特拉斯塔马拉伯爵
Henry II	亨利二世
Bertrand du Guesclin	贝特朗·杜·盖斯克林
Constance	康斯坦丝
Roncesvalles Pass	龙塞斯瓦列斯关
Count Roland	罗兰伯爵
Arthur Wellesley	阿瑟·韦尔斯利
Alava	阿拉瓦
Ebro	埃布罗河
Burgos	布尔戈斯
Najera	纳杰拉
Navarette	纳瓦雷特
Andalusia	安达卢西亚
Poitevin	普瓦特万
Albret	阿尔布雷
Arnaud Amanieu	阿诺·阿曼纽厄
Armagnac	阿马尼亚克

John IV	约翰四世
Agenois	阿让奈
Aiguillon	艾吉永
Limoges	利摩日
Soubise	苏比斯
Garonne	加伦河
Bertrand du Guesclin	伯特兰·杜·格斯林
Dordogne	多尔多涅
Bayonne	巴约纳
Eleanor of Aquitaine	阿基坦的埃莉诺
Bishop of Winchester	温彻斯特主教
William of Wykeham	怀克姆的威廉
Bishop of Exeter	埃克塞特主教
Thomas of Brantingham	布兰廷汉姆的托马斯
Robert Thorpe	罗伯特·索普
Richard Scrope	理查德·斯克鲁普
Alice Perrers	爱丽丝·佩雷斯
Peter de la Mare	彼得·德拉马
William Lord Latimer	拉蒂默勋爵威廉
Richard Lyons	理查德·里昂
St. Sauveur	圣索弗尔城堡
Becherel	贝舍雷尔城堡
Simon de Montfort	西蒙·德·蒙特福特
Edmund de Mortimer	埃德蒙·德·莫蒂默
William Courtenay	威廉·考特尼
Sheen Palace	谢恩宫
Joan of Kent	肯特的乔安娜
Thomas of Woodstock	伍德斯托克的托马斯
Orleanois	奥莱诺伊河
Vannes	瓦纳
Simon of Sudbury	萨德伯里的西蒙
Wat Tyler's Rebellion	瓦特·泰勒起义
St. Albans	圣奥尔本斯

Bury St. Edmunds	贝里圣埃德蒙兹
Dartford	达特福德
Norwich Castle	诺威奇城堡
Blackheath	布莱克希思
Hertfordshire	赫特福德郡
Hampstead	汉普斯特德
Willianm Walworth	威廉·沃尔沃思
Mile End	麦尔安德
Sir Robert Hales	罗伯特·海尔斯爵士
John Legge	约翰·莱格
Smithfield	史密斯菲尔德
Islington	伊斯灵顿
Jack Straw	杰克·斯特劳
Henry le Despenser	亨利·勒·德斯潘塞
John Wrawe	约翰·瑞威
Anne of Bohemia	波希米亚的安妮
Michael de la Pole	迈克尔·德·拉·波尔
Robert de Vere	罗伯特·德·维尔
Thomas Holland	托马斯·霍兰德
John Holland	约翰·霍兰德
Richard FitzAlan	理查德·菲扎兰
Thomas de Beauchamp	托马斯·德·比彻姆
Thomas de Mowbray	托马斯·德·莫布雷
Henry of Bolingbroke	博林布鲁克的亨利
Lords Appellant	代位贵族
Lechlade	莱赫雷德
Radcot Bridge	拉德科特大桥
Alexander Neville	亚历山大·内维尔
Robert Tresilian	罗伯特·特雷西利安
Simon Burley	西蒙·伯里
Nicholas Bramber	尼古拉·布兰博
Salisbury	萨利斯贝里
Lionel of Clarence	克拉伦斯的莱昂内尔

Roger de Mortimer	罗杰·德·莫蒂默
Lollards	罗拉德派
John Huss	约翰·胡斯
John Montag	约翰·蒙塔古
Statute of Kilkenny	《基尔肯尼法令》
Edmund of Langley	埃德蒙·兰利
Isle of Man	马恩岛
Bushey	布希
Coventry	考文垂
Wicklow	威克洛
Ravenspur	拉文斯普尔
Thomas Arundel	托马斯·阿伦德尔
Henry Percy	亨利·珀西
Pontefract	庞蒂弗雷特
Cirencester	西伦塞斯特
De Heretico Comburendo	《烧死异教徒法案》
William Sawtrey	威廉·索特雷
Gwynedd	圭内斯
Owen of Glyndwrdee	格林德迪的欧文
Glendower	格伦道尔
Shrewsbury	什鲁斯伯里
Worcester	伍斯特
Archibald Douglas	道格拉斯伯爵阿基博尔德
Homildon Hill	霍米尔敦山
Westmoreland	韦斯特莫兰
Ralph Neville	拉尔夫·内维尔
Cheshire	柴郡
Hately	哈特利
Thomas Mowbray	托马斯·莫布雷
Thomas Becket	托马斯·贝克特
Louis Duke of Orleans	奥尔良公爵路易一世
John the Fearless	大胆约翰
Lord Thomas Bardolf	托马斯·巴道夫勋爵

Lewis Byford	路易·拜福德
Sir Thomas Rokeby	托马斯·罗基比爵士
Bramham Moor	布拉姆汉姆荒原
Robert Stewart	罗伯特·斯图尔特
Henry of Monmouth	蒙莫斯的亨利
St. Cloud	圣克劳德
Count of Armagnac	阿马尼亚克伯爵
Bernard VII	伯纳德七世
John Oldcastle	约翰·奥尔德卡斯尔
Sir John Acton	约翰·阿克顿爵士
Catherine of Valois	瓦卢瓦的凯瑟琳
Richard of Conisburgh	康尼斯堡的理查德
Sir Thomas Grey	托马斯·格雷爵士
John D'Albret	约翰·达布雷特
Agincourt	阿让库尔
Tramecourt	特拉梅库尔
Battle of Agincourt	阿让库尔战役
Anthony Duke of Brabant	布拉班特公爵安东尼
Duke of Bar	巴尔公爵
Duke of Alençon	阿朗松公爵
Duke of Orleans	奥尔良公爵
Louis I Counts of Vendôme	文多姆伯爵路易一世
Charles of Artois Count of Eu	欧伯爵阿托伊斯的查理
John Earl of Richmond	里切蒙特伯爵约翰
Edward of Norwich	诺维奇的爱德华
Michael de la Pole	迈克尔·德·拉·波尔
Sigismund of Luxembourg	卢森堡的西吉斯蒙德
Council of Constance	康斯坦茨会议
Martinus V	马丁五世
Lisieux	利雪
Bayeux	巴约
Mortaigne	莫田
St. Lô	圣洛

Coutances	库唐斯
Cherbourg	瑟堡
Meulan	默朗
Philip the Good	好人腓力
Earl of Buchan	布坎伯爵
John Stewart	约翰·斯图亚特
Baugé	博热
John Beaufort	约翰·博福特
Meaux	莫城
Vincennes	文森纳
Henry of Windsor	温莎的亨利
Duke of Bedford	贝德福德公爵
John of Lancaster	兰开斯特的约翰
Duke of Gloucester	格洛斯特公爵
Humphrey of Lancaster	兰开斯特的汉弗莱
Anne of Burgundy	勃艮第的安妮
Henry Beaufort	亨利·博福特
Cravant	克拉旺
Verneuil	韦尔纳伊
Jacquelaine Countess of Holland and Hainault	荷兰与埃诺女伯爵杰奎琳
Duke of Brabant	布拉班特公爵
John IV	约翰四世
Benedict XIII	本尼迪克特十三世
Eleanor Cobham	埃莉诺·科布汉姆
Battle of the Herrings	鲱鱼战役
Rouvray	鲁夫雷
Domrémy	多穆雷米村
Jeanne D'Arc	让娜·达克
ainte Catherine	圣凯瑟琳
Chinon	希农
Jargeau	雅尔若
Beaugency	博让西
Patay	帕泰

Lord John Talbot	约翰·塔尔博勋爵
Senlis	桑利斯
Beauvais	博韦
Laon	拉昂
Soissons	苏瓦松
Compiégne	康比涅
Bishop of Beauvais	博韦主教
Pierre Cauchon	皮埃尔·科雄
Congress of Arras	阿拉斯会议
Lord Robert Willoughby	罗伯特·威洛比勋爵
Richard Duke of York	约克公爵理查德
Pontoise	蓬图瓦兹
Duke of Somerset	萨默塞特公爵
Edmund Beaufort	埃德蒙·博福特
Margaret of Anjou	安茹的玛格丽特
Réné I	勒内一世
Formigny	福尔米尼
Cicely Neville	西塞莉·内维尔
Lord Abergavenny	阿伯加文尼勋爵
Edward Neville	爱德华·内维尔
Lord Latimer	拉蒂默勋爵
George Neville	乔治·内维尔
Lord Fauconberg	福康伯格勋爵
William Neville	威廉·内维尔
John Mowbray	约翰·莫布雷
Adam Moleyns	亚当·莫伦斯
William Ayscough	威廉·艾斯库
John Aylmer	约翰·艾尔默
James Fiennes	詹姆斯·费因斯
Crowmere	克罗米尔
Thomas Young	托马斯·扬
Castillon	卡斯蒂永
Earl of Warwick	沃里克伯爵

Richard Neville	理查德·内维尔
Thomas de Courtenay	马斯·德·考特尼
Humphrey Stafford	汉弗莱·斯塔福德
Henry Holland	亨利·霍兰德
John de Vere	约翰·德·维尔
John Talbot	约翰·塔尔博
Bloreheath	布洛希思
Ludlow	勒德洛
Ludford	卢德福
Teme	泰梅河
Newbury	纽伯里
Sandwich	桑维奇
Archbishop Bourchier	鲍彻大主教
Owen Tudor	欧文·都铎
Jasper Tudor	贾斯珀·都铎
Edward Earl of March	马奇伯爵爱德华
North Riding	北雷丁
Humber	亨伯尔
Wakefield	韦克菲尔德
Chipping Norton	奇平诺顿
Edward IV	爱德华四世
Aire	艾尔河
Ferrybridge	费里布里奇
Towton	陶顿
Cock	考克河
Alnwick	阿尼克
Bamborough	班姆
Hedgeley Moor	黑吉利荒原
Hexham	赫克瑟姆
Thomas de Ross	托马斯·德·罗斯
Robert Hungerford	罗伯特·亨格福德
Lord Falconberg	法尔康伯格勋爵
William Neville	威廉·内维尔

Charlotte of Savoy	萨伏依的夏洛特
Elizabeth Woodville	伊丽莎白·伍德维尔
John Grey	约翰·格雷
Margaret of York	约克的玛格丽特
John Woodville	约翰·伍德维尔
Katherine Neville	凯瑟琳·内维尔
George of York	约克的乔治
Isabel Neville	伊莎贝尔·内维尔
Henry Fitzhugh	亨利·菲茨休
Robin of Redesdale	雷德斯代尔的罗宾之乱
John Conyers	约翰·康耶斯
William Herbert	威廉·赫伯特
Humphrey Stafford	汉弗莱·斯塔福德
Banbury	班伯里
Edgecot Field	埃杰考特原野
Middleham	米德勒姆
Lose-Coat field	卸袍之战
Lord Heny Fitzhugh	亨利·菲茨休勋爵
Lynn	林恩
Barnet	巴尼特
Severn	塞文河
Tewkesbury	图克斯伯里
Afonso V	阿方索五世
Joan of Portugal	葡萄牙的琼
Lady Margaret Beaufort	女勋爵玛格丽特·博福特
Anne Neville	安妮·内维尔
Treaty of Pecquigny	《佩奎尼条约》
Ankaret Twyndow	安卡雷特·特文多
Duke of Albany	阿尔巴尼公爵
Alexander Stewart	亚历山大·斯图尔特
Stoney Stratford	斯通尼斯特拉特福德
Dorset	多塞特
Jane Shore	简·肖尔

Thomas St. Leger	托马斯·圣勒格
Maidstone	梅德斯通
Collingbourn	科林博恩
William Catesby	威廉·卡特斯比
Sir Richard Ratcliffe	理查德·拉特克利夫爵士
Francis Lord Lovel	洛维尔勋爵弗朗西斯
Elizabeth of York	约克的伊丽莎白
John de la Pole	约翰·德·拉·波尔
Bosworth	博斯沃斯